モデル・コミュニティ

〜コミュニティづくりの原点を探る〜

はじめに

いまからおよそ50年前、1971年から3年間にわたって自治省（現総務省）が実施した「モデル・コミュニティ」という施策をご存じだろうか。

高度経済成長期に、いわゆる「団塊の世代」が農村から都市に出て働くようになり、家族のあり方も大きく変化した。ひとびとが憧れたのは、三種の神器（テレビ、洗濯機、冷蔵庫）や３Ｃ（Color TV, Cooler, Car）に囲まれた団地やニュータウンでの暮らしだった。ここでイメージされたのは、田舎のしがらみから離れたあたらしい「核家族」の生活であった。このことは、伝統的な地縁コミュニティに改変を迫ることになり、そして、これからのコミュニティはどうあるべきなのかが議論されるようになった。

1969年、内閣総理大臣の諮問機関であった国民生活審議会によって「コミュニティ―生活の場における人間性の回復―」が報告され、コミュニティづくりを政策として実行しようとする動きが出てきた。こうしたなか自治省は、コミュニティの「モデル」をつくろうとしたのである。こうして自治省のモデル・コミュニティ事業は、1971〜73年に全国83地区（巻末資料）で実施されることになった。この事業は、わずか3年、83地区における施策にとどまったが、昭和59年2月に刊行された「地方公共団体のコミュニティ施策」によれば、都道府県が設定したモデル地区は521地区、コミュニティ施策を実施する市町村は2528にも上っており、全国の隅々まで浸透していたことがわかる。このように自治省のモデル・コミュニティ事業は、まさに、わが国におけるコミュニティづくりの原点だったといってよい。

おそらく、ほとんどの方が一度は参加したことがある地域の運動会や廃品回収、交通安全集会といったコミュニティ行事も、じつはこの事業から姿を変え、現在のかたちに定着していったものである。それでは、自治省のモデル・コミュニティ事業とは一体どのようなものだったのだろうか。

現在、わが国は少子高齢化、人口減少社会に突入しているが、空き家問題や地域活性化、団地の再生など、コミュニティをめぐるさまざまな課題をつきつけられているといってよい。これまでも戦争や災害、飢饉によって人口が一時的に減少したことはあったが、ここまで継続的に人口が減り続ける社会というのは、はじめての経験である。2020年には、新型コロナウィルスの感染拡大によって、ソーシャル・ディスタンスが強制されるなか、インターネットを駆使することで、「場所」から開放されたコミュニティもおのずと一般化してきている。このようなコミュニティをめぐる状勢を見回してみたとき、いまこそ高度経済成長期以来の「これからのコミュニティはどうあるべきか」が問われている第二の転換期といってよさそうである。もちろんその答えを早急に出すことはできない。けれども、その手がかりは、長い年月をかけて受け継がれてきたコミュニティづくりの中にあるのではないか。

本書のねらいは、わが国におけるコミュニティづくりの原点である自治省モデル・コミュニティ事業の実像を描くことにある。

目次

第一章　モデル・コミュニティの誕生

1　コミュニティへのまなざし

まず、自治省が行政の施策としてコミュニティづくりに取り組むことになった背景について簡単にふれておきたい。

戦前までの日本のコミュニティは、伝統的な地縁関係にもとづく農耕社会のつながりを基盤としていた。第二次世界大戦のなか、防空のために都市部のひとびとを組織化する必要に迫られたことから、町内会や隣保班などが組織され、国家総動員体制のなかで施策としてコミュニティづくりが行われた。1940年9月11日の内務省訓令「部落会町内会等整備要領」では、市街地の町内会、村落の部落会を「市町村ノ補助的下部組織」と位置づけ、行政の従属的な組織として組み込んだのである。敗戦後、GHQは町内会や部落会、あるいはそれらの連合会などの結成を禁止したが、1951年9月8日のサンフランシスコ講話条約以降、自治組織の再構築が求められるようになった。

高度経済成長期（1954年12月～1973年11月）に入り、自治会や町内会に代表される自治組織が公衆衛生、防犯、交通安全、文化振興など、地域の生活環境の改善に取り組むようになる。冒頭で述べたように、高度経済成長はわが国の生活環境を一変させることになる。三種の神器や3Cなどの製品が普及するとともに、団地やニュータウンでは核家族による1世帯・1家族・1住戸の画一的な暮らしが定着していった。このことは、農村における伝統的な地縁関係にも改変を迫った。

このような状況に鑑み、1968年1月、内閣総理大臣の佐藤栄作は国民生活審議会調査部会に対し、「経済社会の成長発展に伴い変化しつつある諸条件に対応して、健全な国民生活を確保するための方策いかん」という諮問を出しており、その検討課題の一つとしてコミュニティが取り上げられることになった。早速、コミュニティ問題小委員会が設置され、1969年9月29日に「コミュニティ—生活の場における人間性の回復—」がまとめられた。

その「まえがき」には、これまでの行政施策においてコミュニティづくりは、断片的にしか行われておらず、盲点として看過されてきたと省みている。この報告書自体がコミュニティ問題について不完全ながら正面から取り上げた最初の試みであり、行政施策としてコミュニティづくりをはじめる契機となった。

それでは、この小委員会では、コミュニティづくりをどのように捉えていたのであろうか。まずコミュニティと行政に関する問題として、「行政機構の中に住民参加から生ずる声を取入れる組織が体系的に確立していない」ことが指摘されている。そしてコミュニティづくりを実現する目標について、「地域住民が社会的共同生活をしていく上に必要となる物的な生活環境の水準を確保」、「物的な水準に対して社会的な水準ともいうべきもの（人間交流、住民参加、市民意識等）の充実」という2点を挙げており、ハードの生活環境の整備とソフトの社会的な活動の重要性を認識していたことがわかる。このハードとソフトの両面からコミュニティづくりを進めるという考え方は、自治省のモデル・コミュニティ事業の根幹として受け継がれていくことになる。

コミュニティ施設については、シビルミニマムの範囲にある最低限の公共施設を画一的に整備するのではなく、明日のビジョンにつながる創意を持ち、地域住民の意見が充分に組み込まれた独自性のある施設整備を行うとしている。その上で、コミュニティの形成については、ハードのコミュニティ施設整備とソフトのコミュニティ活動を相互に有機的に関連づけるための施策が必要であり、その際、地域住民のコミュニティ活動に対する主体的な参加が不可欠であると指摘している。そして「行政が全国の具体的なコミュニティ形成の経験をモデルコミュニティとして取り挙げ情報を流す」という方法が提示された。これこそが、モデル・コミュニティ事業の出発点となる考え方であった。

つづけて「この場合、モデルコミュニティとは地域が置かれた条件に基づき住民の自主性と創意が中心になって形成された経験であるが、全国どの地域においても一律に適用できる理想型を意味するものではない。たとえば、問題解決のためのコミュニティの住民運動については、目標の水準、住民要求の性格、運動の形態等について成功例だけでなく、失敗や挫折の経験についても広く取り挙げることが望まれる」と指摘している。ただ成功例をモデルとするだけでなく、失敗や挫折の経験からも学ぼうとする考え方があったことは興味深い。同報告書は、こうしたモデルを参照することで、「それぞれの地域は、自らの問題、特性に応じてふさわしいコミュニティ形成の方法を創り出し、あるいは選択することが可能になる」と締めくくっている。

2　コミュニティ研究会の議論と「コミュニティ＝近隣社会」の概念化

そもそも「コミュニティ」とは多義的な言葉であり、コミュニティの概念そのものを議論することは、本書の限られた紙幅のなかでは到底かなわないが、自治省がコミュニティづくりを施策として行うにあたって、理論的な根拠を検討したのが、自治省コミュニティ研究会（「コミュニティ研究会」）だった。コミュニティ研究会は、東京大学教授で都市計画を専門とする日笠端（ひがさ・ただし）を委員長に、都市工学、社会学、行政学など異分野の研究者ら7名で構成され[(1)]ており、コミュニティづくりを推進するためにさまざまな議論を行っている。ここではコミュニティ研究会が考えていたコミュニティ像について簡単にふれておきたい。

コミュニティ研究会は、コミュニティ計画を都市計画へのアンチテーゼとして考えていた。当時の都市計画は、産業基盤となるインフラ整備を主要な目的とする一方で、生活基盤となる居住環境の整備は著しく遅れていた。このためコミュニティ研究会は、大規模なインフラ整備ではなく、地区の実情にあわせた地区整備計画にシフトチェンジすることを考えていた。そしてモデル・コミュニティ事業のハードの整備では、①住民（住民組織）の、②主体的参加により、③せまい地区を計画対象区域として、④ボトム・アップ方式で、⑤生活環境と地域産業の基盤整備を目的に、⑥身近な施設整備として計画することを想定していた。日本の都市計画制度に地区計画の制度が創設されるのは１９８０年のことであるが、それよりも10年ほど前に、地区の詳細な整備計画を視野に入れていた点で先進的だったといえよう。

このときコミュニティ研究会が、せまい範囲の計画対象区域として想定したのが、小学校区を１つの計画単位とする近隣住区論だった。近隣住区論は、１９２３年末にアメリカのクラレンス・ペリーが提唱した計画理論であり、ニューヨーク郊外のラドバーンで実践されたことで知られている。わが国には戦時下に伝播し、戦災復興の計画標準やニュータウンの建設にも応用されることになる、都市計画の根幹となる計画理論といってよい。

近隣住区論とは、つぎの6原則を骨子とした計画理論である（**図1**）。まず1つめの原則が「規模」についてであり、小学校の通学圏を1つの住区とする考え方で、国交省が出す「都市計画運用指針」では1㎞×1㎞を標準としている。2つめの原則は「境界」についてであり、住区内の安全性を確保するために、住区の周囲を幹線道路で囲い、速度の出る通過交通を迂回させるという考え方である。3つめが「オープンスペース」についてである。これは公園やレクリエーションの用地を確保するとともに、それらを緑道などでつなぐことで歩車分離をはかる計画手法である。4つめが、「公共施設用地」についてであり、住区の中心や公共広場のまわりに公共施設を集積させることで、まちのセンターをつくろうとする考え方である。5つめが地区の「商店街」についてであり、人口に適した商業機能を住区の周辺や交通の結節点に計画的に設けてにぎわいをつくるという考え方である。6つめが「内部街路系統」であり、住区の周囲に設けた幹線道路によって通過交通を排除するだけでなく、住区の内部においても系統立てた循環道路をつくり、クルドサック（袋小路）や立体交差によって歩車分離を徹底するという計画手法である。この街路系統のレイアウト見本となるのが、ラドバーンの交通体系であり、通称「ラドバーンシステム」（**写真1・写真2**）と呼ばれている。

ところで、クラレンス・ペリーの近隣住区論をよくよく読んでみると、これら6原則にもとづく住区の施設配置計画だけでなく、地区の管理運営を住民の意思で行うよう提唱していることに気づかされる。コミュニティ研究会は、このことに着目し、単にフィジカルプランとしてコミュニティ施設の

写真１　ラドバーンシステムと立体交差

写真２　ラドバーンシステムと歩車分離の歩道

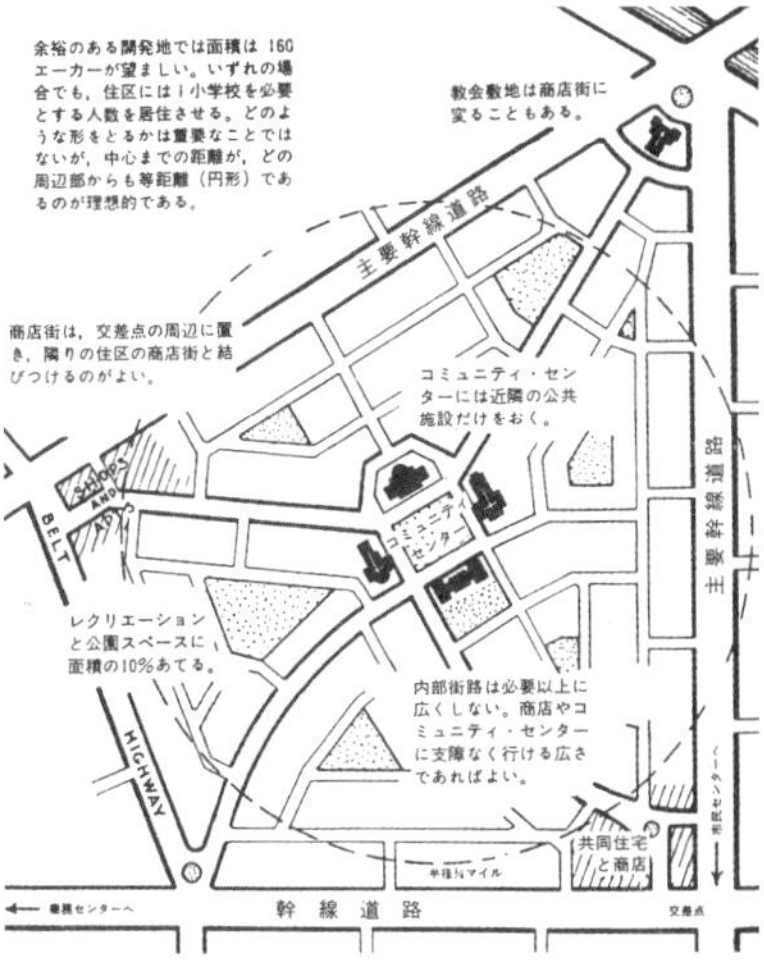

図１　近隣住区論の原則
（クラレンス・ペリー著・倉田和四生訳『近隣住区論～新しいコミュニティ計画のために～』鹿島出版会、p.122、1975)。

整備を行うだけでなく、そこに住民の意見を反映していく仕組みを取り入れようと考えたのである。この住民参加型の施設整備のプロセスを実現するためには、もちろんそれを担う住民組織をつくる必要がある。また実際にコミュニティ施設をつくったとしても、それを利用する地域の活動がなければならない。

そこで、コミュニティ研究会の出した答えが、ハードのコミュニティ施設の整備と、ソフトのコミュニティ活動を両輪とするコミュニティづくりだった。それを具体化するためには、近隣社会においてひととひとが無理なくつながることのできる一定の範囲内に計画対象区域を限定せざるを得ない。そしてコミュニティづくりの計画区域として想定されたのが、近隣住区＝小学校区だった。

こうして自治省が施策として扱う「コミュニティ」は、「コミュニティ（近隣社会）」という概念にたどり着いた。

第二章　自治省モデル・コミュニティ事業の仕組み

自治省は、モデル・コミュニティ事業を施策として進めるために、つぎの3つの要綱・要領を定めている。

①「コミュニティ（近隣社会）に関する対策要綱」（以下「対策要綱」）

②「コミュニティ（近隣社会）に関する対策の事務処理要領」（以下「事務処理要領」）

③「コミュニティ研究会設置要綱」（以下「研究会設置要綱」）

これらにもとづいて、各都道府県が候補を選定し、地区ごとに「コミュニティ整備計画」と「コミュニティ活動計画」を作成する仕組みになっていた。

モデル・コミュニティ事業の根幹となる「対策要綱」と、その具体化に向けた「事務処理要綱」は毎年度改定されており、自治省のモデル・コミュニティに関する考え方や試行錯誤の様子がうかがえる。以下では、1971年4月3日に自治事務次官から各都道府県知事宛に通知された「対策要綱」（次項参照）について概観しつつ、変更のあった項目について説明を補足する。

「第1　趣旨および方針」の冒頭には、「コミュニティ＝近隣社会」は、「住民の社会生活の基礎的な単位」と記されており、それに該当している基礎的な単位こそ、近隣住区論にもとづく小学校区であった。そしてハードの「生活環境の整備」と、ソフトの「住民の地域的な連帯感に基づく近隣生活」の実現を目指すとされた。その背景として、交通安全、防犯、防災等に向けた環境改善や、社会福祉施設や保健施設等の充実が強く望まれていることと、日常の文化、体育、レクリエーション等の活動を行うのに必要な施設が不足していることが指摘されている。

つづけて、新しいコミュニティづくりのイメージは、地域社会の実態によって異なるが、都市的地域と農村地域の特性にあわせて計画されるとされた。農村地域のコミュニティの担い手については、当初の試案ではとくに記述がなかったが、初年度の「対策要綱」には「若い世代も参加するような新しい開放的な組織」と追記されており、さらに昭和48年度の「対策要綱」では、「婦人層や若い世代の人々も積極的に参加する各種の開放的なコミュニティ組織によるコミュニティ活動が展開されることを期待する」と修正が加えられている。自治省は、コミュニティ活動を活性化させるために試行錯誤し、若い世代に加え、女性にも担い手の層を広げていったことがうかがえる。

つぎに、「第2　モデル・コミュニティに関する事項」については、①地区の設定、②計画、③組織の3つの項目にそって要綱が作成されている。

「1　地区の設定」については、各年度で多少文言が修正されているものの、基本的な考え方は共通しており、都市と農村それぞれの地域の特性にそくして、「小学校の通学区域程度の規模を基準」に設定されることになっていた。また地域の住民がコミュニティづくりに関心を持ち、新しい地域的な連帯感にもとづくコミュニティ活動を営むことが期待されるだけでなく、「コミュニティとしての

「コミュニティ（近隣社会）に関する対策要綱」

第1　趣旨および方針

住民は、快適で安全な生活環境のもとで、健康で文化的な生活を営むことを欲している。このような望ましい生活は、住民の日常生活の場である近隣社会の生活環境の整備とあわせて、住民の地域的な連帯感に基づく近隣生活が営まれてはじめて実現されるものである。このような近隣社会は、住民の社会生活の基礎的な単位と考えるべきものである。

しかしながら、今日、住民の生活は動態化するとともに、その行動圏域は漸次広域化してきている。一方、交通安全、防犯、防災等の見地からする環境の改善および身近かな社会福祉施設、保健施設等の充実が強く望まれているとともに、日常の文化、体育、レクリエーション等の活動を行なうのに必要な施設も極めて不十分である。

このままでは、住民は近隣社会に対する関心を失ない、人間は孤立化し、地域的な連帯感に支えられた人間らしい近隣社会を営む基盤も失われるおそれがある。

このような現状に対処して、住民が望ましい近隣生活を営むことができるような基礎的な地域社会をつくるため、新しいコミュニティづくりに資するための施策をすすめることとする。

新しいコミュニティづくりのイメージは、地域社会の実態によって異なるが、おおむね、次のとおりである。

（1）都市的地域においては、都市の体質を人間生活本位に改めるという構想に沿って、住民が快適で安全な日常生活を営むための基礎的な単位として豊かな個性とまとまりのあるコミュニティを形成するための生活環境の整備を進める。このようなコミュニティの生活環境を場とし、またその整備を通じて、住民の自主的な組織がつくられ、多採なコミュニティ活動が行なわれることを期待する。

（2）農村地域においては、集落の整備と配置に関する長期的な構想に沿って、住民が文化的で多様性のある日常生活を営むことができるように、各種のコミュニティ施設の整備を中心とする生活環境の整備を進める。このような生活環境を場とし、またその整備を通して、若い世代も参加するような新しい開放的な組織がつくられ、コミュニティ活動が行なわれることを期待する。

以上のような考え方のもとに、コミュニティに関する対策を確立するため、次のような予備的な施策を実施しようとするものである。

（1）モデル・コミュニティ地区を選び、都市的地域および農村地域のぞれぞれの地域の性格に即したコミュニティの生活環境の整備と住民の自主的なコミュニティ活動のモデルをつくること。

（2）近隣社会における生活環境整備の状況、コミュニティ組織とコミュニティ活動の実態等に関する調査を行ない、これに基づいてコミュニティの生活環境の整備の方向およびコミュニティの組織と活動のあり方について検討すること。

第2　モデル・コミュニティに関する事項

1　モデル・コミュニティ地区の設定

（1）全国にモデル・コミュニティ地区を設定する。

（2）モデル・コミュニティ地区は、都道府県知事が市町村長と協議して選定する。

（3）モデル・コミュニティ地区は、都市的地域、農村地域の性格に応じ、地域の特性に即して定めるものとするが、おおむね小学校の通学区域程度の規模を基準とし、次の事項に配慮しながら、適切な地域社会を選定するものとする。

ア　地域の住民が、コミュニティの形成について関心を有し、新しい地域的な連帯感に基づくコミュニティ活動を営むことが期待されること。

イ　地理的条件および生活環境の現状からみて、コミュニティとしてのまとまりのある生活環境を整備するのに適した地域であること。

2　コミュニティに関する計画

（1）モデル・コミュニティ地域については、地域住民の参加のもとに、市町村がコミュニティ整備計画を策定する。

（2）コミュニティ整備計画は、第1（趣旨および方針）の基本的考え方のもとに、より広域の生活圏域の整備に関する計画との相互の関連も考慮して、おおむね次の点に留意しながら別表に掲げるようなコミュニティ施設のうち地域の実情に応じて必要なものについて定める。この場合においては、モデル・コミュニティ地区における既存の公共施設等の状況を十分に把握し、それらの効率的な利用についても検討するものとする。

ア　住民が歩行者として安全に近隣生活を営むことができるように歩行者専用

道路の確保、交通安全施設の整備等を行うことにより、交通環境を整備すること。

イ　公園、広場、集会施設等からなるコミュニティ・センター、ショッピング・センター等を整備することにより、住民の近隣生活の核となる地区を形成する。また、住民がモデル・コミュニティ地区内において気軽に文化、体育、レクリエーション活動およびコミュニティ行事を楽しむことができるように、集会施設、小規模な体育施設その他の必要な施設を配置すること。

ウ　地域における社会福祉の増進のための社会福祉施設の整備および健康な生活を確保するための保健施設の整備を行うとともに、生活環境の清潔、静かさおよび美観を維持するため、道路および水路の清掃、植樹による緑化、美観施設の整備、その他の必要な事業を行うこと。

エ　老人および児童が安全かつ快適に日常生活を営むことができるような環境をつくることを旨として、老人および児童のための施設を整備すること。

(3) 住民は、新たにコミュニティ活動に関する計画を策定し、または各種のコミュニティ組織の行事予定等を調整して、コミュニティ活動に関する計画を定める。

コミュニティ活動に関する計画は、モデル・コミュニティ地区の実情に即して定めるが、おおむね次の事項を内容とする。

ア　交通安全、防犯、消防救急その他の生活の安全の確保の推進に関すること。

イ　社会福祉の増進、健康の管理に関すること。

ウ　生活環境の清潔、静けさおよび美観の維持等に関すること。

エ　お祭、運動会、ピクニックその他のコミュニティ行事に関すること。

オ　文化、体育およびレクリエーション活動に関すること。

カ　市町村行政に対する住民の意思の反映に関すること。

3　モデル・コミュニティに関する組織

(1) 市町村は、モデル・コミュニティ地区を単位として、一つのコミュニティ組織または各種のコミュニティ組織の連絡調整を図るための機構が適切に整備されるよう積極的な助言または援助を行なう。この場合においては、モデル・コミュニティ地区内の各地区、各種の職域、各年齢層、男女その他の住民グループを適切に代表する者が協力して、コミュニティ組織の運営にあたることとなるよう配慮する。

(2) 市町村は、コミュニティ整備計画の策定、実施およびコミュニティ施設の運営管理については住民の意思を反映させ、またはその自主的な参加を確保するため、コミュニティ組織の代表者、モデル・コミュニティ地区内の学校、図書館その他の公共施設の職員等からなるコミュニティ審議会を設置する等、適切な措置を講ずる。

4　モデル・コミュニティに関する計画の策定および実施の促進のための措置

(1) 自治省は、コミュニティに関する計画の策定および実施に関し、次に掲げる措置を講じる。

ア　あらかじめ委嘱する学識経験者による技術的な助言等の指導を行うとともに、コミュニティづくりに関する資料の提供および関係地方公共団体間の情報の交換のための便宜を図る。

イ　コミュニティに関する計画の策定および実施を促進するため、次に掲げる措置を講ずる。

①市町村が、コミュニティ整備計画に基づいて実施する建設事業に要する経費に充てるために起こす地方債について、優先的な配慮をすること。

②その他コミュニティ施設の整備に要する経費について所要の財源措置を講ずること。

ウ　市町村が　コミュニティ整備計画に基づいて実施するコミュニティ施設の整備事業に要する経費に充てるため、モデル・コミュニティ地区の住民を対象として直接公募する地方債の活用を図る。

(2) 都道府県は、関係部課間の連絡調整のための機構を設ける等の方法により、この施策の総合的な性格が活かされるような指導等の態勢を整えるとともに、モデル・コミュニティに関する計画の策定および実施に関し、次に掲げる措置を講ずる。

ア　モデル・コミュニティ地区における施策について、コミュニティ整備計画に即して適切な調整を図ること。

イ　モデル・コミュニティ施設の整備のために必要な事業の実施について優先的な配慮するとともに、これに必要な援助を行うこと。

ウ　国の関係行政機関等との間の連絡調整を図ること。

第3　コミュニティに関する調査研究に関する事項

学識経験者を委員とするコミュニティ研究会を設けて、コミュニティに関する調査研究を行なう。なお、コミュニティ研究会の委員は、モデル・コミュニティに関する計画の策定および実施の指導にあたるものとする。

まとまり」があり、生活環境を整備するのに適した地区であるという地理的な条件も付されていた。「2　コミュニティに関する計画」については、当初の試案では「市町村は、モデル・コミュニティ地区についてコミュニティ整備計画を策定する」とされており、とくに住民の役割については示されていなかったが、1971年度の「対策要綱」では「地域住民の参加のもとに、市町村がコミュニティ整備計画を策定する」と修正されており、「住民参加」が明記されている。1972年度版では「市町村および地区住民が協力してコミュニティ計画を策定する」と改訂されており、官民が協力して計画を策定するよう定められている。このように、モデル・コミュニティ事業では住民の果たす役割が段階的に強化されていったところに特徴がある。

コミュニティ整備計画については、「趣旨および方針」にそって地区の既存の公共施設等の整備状況を調査した上で効率的な施設を整備する方針であった。

とりわけ重要だったのは、「公園、広場、集会施設等からなるコミュニティ・センター、ショッピング・センター等を整備することにより、住民の近隣生活の核となる地区を形成する」という、中心拠点づくりの根幹に関わる項目であった。コミュニティの核となる地区に、集会所だけでなく複合的な機能を持ったコミュニティ・センター（通称「コミセン」）を設置し、隣接する場所に公園や広場などを整備するという計画手法は、その後、コミュニティづくりの1つのプロトタイプになったといえそうである。また、気軽に文化、体育、レクリエーションといったコミュニティ活動や行事を楽しむことができる各種施設も整備するよう記されていたが、広い場所を必要とする場合、小学校の校庭で代替することも多かった。

また、交通環境の整備については、歩行者専用道路や交通安全施設の整備等を行うことを目標としており、子供たちの通学に配慮していることがうかがえるが、これは近隣住区論とも共通する考え方であった。また健康や社会福祉を増進するハードの施設整備とともに、清掃や緑化、美化活動といったソフトの事業も想定していた。くわえて老人や児童たちが安全かつ快適に日常生活を営むことができる環境づくりも視野に入れていたことが「対策要綱」からわかる。

一方、コミュニティ活動については、住民が新規に計画するか、あるいは既存のコミュニティ組織の行事予定等を調整して、コミュニティ活動に組み込むことを想定しており、具体的な活動内容として、つぎの6項目が提示されていた。

ア　交通安全、防犯、消防救急その他の生活の安全の確保の推進

イ　社会福祉の増進、健康の管理

ウ　生活環境の清潔、静かさおよび美観の維持等

エ　お祭、運動会、ピクニックその他のコミュニティ行事

オ　文化、体育およびレクリエーション活動

カ　市町村行政に対する住民の意思の反映

このコミュニティ活動のラインナップをみてみると、交通安全集会や地域の清掃、お祭り、運動会、文化祭、スポーツ大会など、どの地域でも一般的にみられる活動ばかりである。自治省は、地域の独自性のあるコミュニティ活動に期待していたようであるが、要綱でこのように例示し、モデルを構築することは、逆に多様な活動や独自性に制約を加えることになったと考えられる。

また目を引くのは、カの項目である。いまではすっかり定着している「住民参加型のまちづくり」の考え方を要綱のなかで明文化していた点で画期的であった。1972年度の「対策要綱」では、住民の自主的なコミュニティ組織への参画を促し、その組織を通してコミュニティ計画を策定する方針に変更されており、住民の役割が強化されている。また、市町村に対してもコミュニティ計画の策定や事業の実施にあたり、各種コミュニティ組織が自主性を損なわないように助言や支援を行うよう求めている。このように自治省は、コミュニティ計画に対する住民参画を徹底していた。

そしてコミュニティ活動を具体化するために、1972年度の「事務処理要領」では、つぎの3点に配慮するよう示されていた。

①コミュニティ地区における生活環境の整備とコミュニティ活動とは密接に関連しているのでコミュニティ活動の現状および将来の方向を確認し、これを生活環境の整備に関する計画に十分反映させること。

②コミュニティ活動は、本来住民が、自主的につくる多種多様のコミュニティ組織によって行なわれるものであり、形式的ないし画一的な計画化になじまない場合も多いので、コミュニティ活動に関する事項をコミュニティ計画の対象とするときにも、コミュニティ活動の自主性、任意性を害しないようにすること。

③コミュニティ地区における生活環境の整備とコミュニティ活動とを一のコミュニティ計画において取り扱うことによって、コミュニティ計画の市町村と住民の共同による計画としての性格を高めることも期待されるものであり、このような観点のもとに、計画の策定過程における住民参加

を徹底させること。

ハードのコミュニティ施設の整備に対して、ソフトのコミュニティ活動を十分反映させるように計画することが示されており、ハードとソフトの計画に一体性を持たせようとしていたことがわかる。また②ではコミュニティ活動の自主性、任意性を尊重し、③では住民参加を徹底させることが示されており、自治省のモデル・コミュニティ施策では、住民主体のまちづくりを強く志向していたといってよい。

また行政の役割として、コミュニティ組織に対する積極的な助言や支援だけでなく、地区内の多様な年齢層、男女、その他の住民グループを代表する者たちが協力して、コミュニティ組織の運営にあたれるよう配慮することが求められていた。

コミュニティ計画の具体化に向けた「事務処理要領」は、各年度で大きく変わっているが、1971年度版では、つぎのように定められていた。

(1)モデル・コミュニティのコミュニティ組織としては、町内会、自治会、婦人会、青年団、PTA、子供会その他のいろいろな種類の組織がそれぞれ独自の活動をし、それらの組織の活動を調整するための連絡機構をつくること、地域全体でひとつのコミュニティ組織をつくることなど、いろいろなかたちが予想されるが、住民が自主的に決めることである。したがって市町村がコミュニティ組織について指導援助をする場合には、住民の自発的な活動を助長するよう十分に留意すること。

(2)コミュニティ整備計画の作成およびコミュニティ施設の運営管理などに住民が積極的に参加する

ことが望ましいので、審議会の設置、住民の計画委員会によるコミュニティ整備計画案の作成、コミュニティ組織によるコミュニティ施設の運営管理などいろいろの方法について検討し、地域の実状に適した、しかも新しい住民参加の方法を開発するように努めること。

このように自治省のコミュニティ施策では、さまざまなかたちでコミュニティ組織が構築されるなか、住民たちが自発的に動けるよう行政が支援することになっていた。そして地域の実情に適した新しい住民参加の方法を開発することを目指していたのである。

1972・73年度の「事務処理要領」では、「コミュニティ整備計画」と「コミュニティ活動計画」の区分をなくし、「コミュニティ計画」としており、各項目の順番が大きく変更されているが、住民参加を徹底し、その主体性を大切にしている点では共通していた。

「第3　コミュニティに関する調査研究に関する事項」は、コミュニティ研究会の設置について定めたものであり、具体的な活動内容は「コミュニティ研究会設置要綱」において定められた。先述の通り、コミュニティ研究会は、自治省のモデル・コミュニティ事業の理論的なバックグラウンドを構築するとともに、各年度の地区選定にあたり、現地視察や助言を行うなど、重要な役割を果たした。

第三章　モデル・コミュニティ事業の特徴

1　近隣住区論にもとづく都市型モデルと農村型モデルの構築

自治省は、モデル・コミュニティ地区の設定にあたり、都市型モデルと農村型モデルを作成し、都道府県に通知している。これらは「コミュニティ（近隣社会）」という概念にもとづき、近隣住区論の考え方を空間のイメージに落とし込んだものであった。

とくに都市型モデルにおいて近隣住区論の考え方が端的に反映されている。図3に示すように、

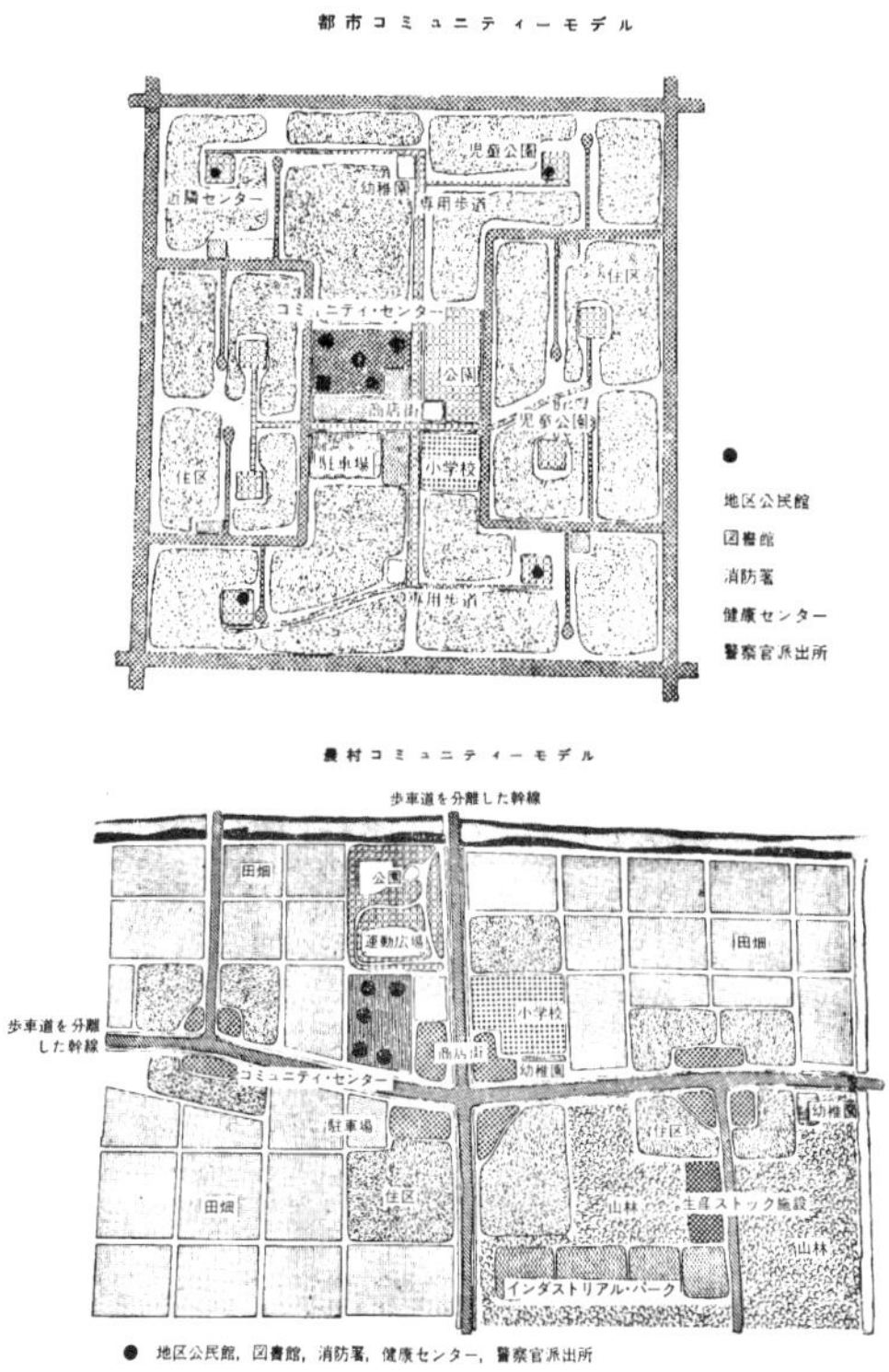

図３　コミュニティモデル（上・都市　下・農村）
鳥取県立公文書館所蔵
『モデル・コミュニティ対策事業』
（昭和45–49年度）所収。

幹線道路に囲われた住区の中心に、防災拠点となる小学校と公園に加え、コミュニティ・センターや公民館といった集会施設を設置し、コミュニティの核を構築しようとしていることがわかる。そこに商店街や公共施設を併設し、住区のセンター地区とする方針であった。小学校や幼稚園への通学路となる専用歩道が各住区をつなぐように設けられており、歩車分離を図っていることがわかる。これは近隣住区論の教科書のようなモデルであった。

一方の農村型モデルでは、都市型モデルほど明確にセンター地区を設けているわけではないが、やはり小学校区を1つの単位としていることがわかる。歩車分離をした幹線道路がまちの中心を通り、田畑に囲われた住区をつないでいる。小学校と幼稚園、商店街がまちの中心に配置されているが、そのほかの商店街や、運動広場・公園、コミュニティセンターをゆるやかにつないだモデルであった。

2　コミュニティ施設の整備とコミュニティ活動

■コミュニティ施設の整備

自治省のモデル・コミュニティ事業は、こうしたモデルによってコミュニティ地区のイメージを共有した上で、フィジカル・プランであるハードのコミュニティ施設整備と、ソフトのコミュニティ活動計画を両輪として進められた。(2)

自治省が例示したコミュニティ施設整備は、①交通関係施設、②環境保全施設、③文化施設、④保健施設、⑤社会福祉施設、⑥スポーツ・レクリエーション施設、⑦その他に分類されている。その後、

表１　コミュニティ施設の整備状況

指定年度	指定地区数	集会施設的なもの			交通関係施設			環境保全施設					保育所・幼稚園	スポーツ・レクリエーション施設				その他
		コミュニティセンター・公民館・集会所	児童館	老人センター	コミュニティ道路	交通安全施設	街路照明灯	防火施設	防犯灯	公衆便所	花壇・植樹	ごみ収集施設		2,500㎡以上の公園・グランド	2,500㎡以下の公園・プレイロット	プール	体育館	
46	40	39	3	5	23	12	6	7	7	3	2	1	13	25	22	8	8	図書館２・貸農園３
47	13	13	—	2	8	4	6	2	1	1	3	—	5	11	9	1	2	レクリエーション農園２、民具資料館１、心障児施設１、勤労青少年ホーム１
48	30	29	—	2	17	12	11	10	5	4	7	4	9	21	16	3	7	農作業休憩所１、診療所１
計	83	81	3	9	48	28	23	19	13	8	12	5	27	58	47	12	17	

１地区で同種のものを２つ以上整備している場合、１と計算。昭和 51 年８月１日現在、計画中・整備中のものも算入。

モデル・コミュニティ地区のコミュニティ施設整備について各種統計資料がまとめられており、それぞれ異なるカテゴリーが使われているが、自治省がフィジカル・プランに対して重点を置いていたのは、つぎの施設群であった（**表1**）。

まず1つめは、集会の場となる施設である。コミュニティ・センターや公民館、集会所が該当しており、モデル・コミュニティ事業ではほぼすべての地区においてこれらの施設が整備された。このひとびとのコミュニティの場となる集会施設を提供することが、この事業の根幹にあったといってよい。読者のなかには、子供のころにこうした集会施設に集まり、子供会などが主催する宝探しやカルタ大会、あるいはクリスマス会といったコミュニティ行事に参加した記憶のある方も多いはずだ。

2つめが、交通に関する施設である。これは街灯やガードレール、カーブミラーなど、交通安全に関するものと、歩車分離を実現する歩行者あるいは自転車専用道路の整備に該当している。いずれも通学の安全性に重点を置いたものであり、モデル・コミュニティが小学校の通勤圏を1つの計画単位とする近隣住区論にもとづいて計画されていたこととも対応している。

3つめが、スポーツ・レクリエーションに関する施設である。集会施設が屋内の行事に利用される施設だったのに対し、屋外（もしくは体育館のように広い場所）で、運動会やスポーツ大会など、地域のみんなが集まる行事の場を提供する施設である。非日常のスポーツやレクリエーションといった活動は、一致団結して参加するものであり、地域のコミュニティを強固にするきっかけとなると考えられていた。

このほかに、環境保全施設については、廃品回収や地域の清掃活動といったコミュニティ活動とも連動したものであり、保健施設や社会福祉施設は、シビルミニマムの考え方から必要に応じて整備することを想定していた。

こうした施設整備を行う上で財源となったのが、コミュニティ・ボンドであった。この制度は、コミュニティ施設の整備費用の一部を債権として発行し、住民に負担させる方法である。これによって資金調達が可能になるだけでなく、住民たちにとっても、数年後に利率が上乗せされて戻ってくるので債券投資としても悪くはないし、自分たちでつくったという意識からコミュニティ施設に愛着を持つようになり、あらたな連帯感が生まれるというコミュニティづくりのねらいもあった。

■コミュニティ活動

一方、コミュニティ活動について、自治省は組織づくりを重要視していた。このため、モデル・コミュニティ地区について町内会や自治会といった地域の基礎的な組織だけでなく、ＰＴＡや子供会、青年団、婦人会、老人会など、多様な組織を横断的に総括するコミュニティの組織図を作成するよう求めている。自治省は、これまでに組織されていた地域の活動団体を再編成し、コミュニティ活動を担う組織をつくる考えだった。そして多くの地区では、多様な住民組織を統轄する「コミュニティ推進協議会」や「コミュニティ推進委員会」などがつくられ、コミュニティ活動を推進していた。

コミュニティの活動内容について、自治省が編纂した「コミュニティに関する調（その2）」をもとに集計してみると、全83地区中、（ア）交通安全・防犯は74地区、（イ）社会福祉の増進は72地区、（ウ）生活環境の維持は75地区、（エ）お祭り・運動会等のコミュニティ行事は78地区、（オ）文化、体育、レクリエーション活動は75地区となっている（巻末資料）。つまり、コミュニティ活動については、それぞれの項目ごとに何らかの活動を行っており、各地区でそれほど大きな差がないことがわかる。このことは「対策要綱」に具体的な活動内容が例示されていたことが、実際には大きな制約となってしまい、その範囲のなかでしか行事が企画されなかったことを示唆していよう。そして住民の独自性をもとにした活動を目指したものの、結果的には画一的なコミュニティ活動が全国に浸透していくという皮肉な結果をもたらした。おそらく子供の頃、地域のコミュニティ活動に参加した多くの人たちは、場所は違えども少なからず同じような経験をしているはずだ。それこそが高度経済成長期以来のコミュニティの原風景なのである。

一方、（カ）行政に対する住民の意見の反映については、83地区中60地区において何らかの活動がみられたが、一部にあまり積極的でなかった地区も存在した。その他は、「対策要綱」にない活動であり、83地区中29地区で独自の取り組みがみられた。例えば、花巻市花北地区では、親子旅行や読書会に加え、学習会、金融対策などが行われている。また秋田県太田町東部地区では、盆栽や表装の実習、ニンニク栽培、ウサギの飼育、さらには働きながら互いの親睦を深める共有地の下刈なども行われていた。(ア)~(カ)は「対策要綱」に例示されたいわば必修科目であるが、選択科目に該当するその他の活動のなかには、一部の先進的な地区においてユニークな活動がみられた。

また多くの地区で発行する「コミュニティだより」「コミュニティ通信」といった地域情報誌は、コミュニティ活動を周知する重要な媒体となった。またコミュニティセンターや公民館の掲示板をつかってコミュニティ活動を広めている例もある(**図4**)。

図4　広報誌(焼津市「コミュニティニュース」)と
掲示板(丸山地区)の例

第四章　モデル・コミュニティの受容：鳥取県を事例に

モデル・コミュニティ事業の実施にあたり、自治省が各種要項・要領を定めたのはさきにみた通りだが、実際に具体化するのは都道府県であった。ここでは鳥取県を事例に取り上げてみよう。

1　モデル・コミュニティ地区の選定

事業の実施にあたり、自治省行政課は都道府県の担当者を集め、モデル・コミュニティ事業の説明会を開催している。このときモデル・コミュニティの考え方や参考事例、地区調書のひな形（**図5**）等についてきめ細かくまとめた参考資料が配布された。

この資料をもとに、各都道府県は市区町村に候補の依頼を出している。鳥取県では「コミュニティ地区候補地現況調」を作成し、（1）交通関係施設、（2）環境保全施設、（3）文化施設、（4）社会福祉施設、（5）スポーツ・レクリエーション施設の5項目について事業計画を精査し、候補を絞り込んでいる。そして「モデル・コミュニティ地区候補地選定評価」をまとめ、最終的な候補を選出した。

各都道府県は候補の決定後、「事務処理要領」にそって「モデル・コミュニティ地区調書」（**図6**）

施設の種類	施設数	事業費			備考
		国・県補助	地方債	一般財源	

図5　自治省から配布された地区調書のひな形の一部

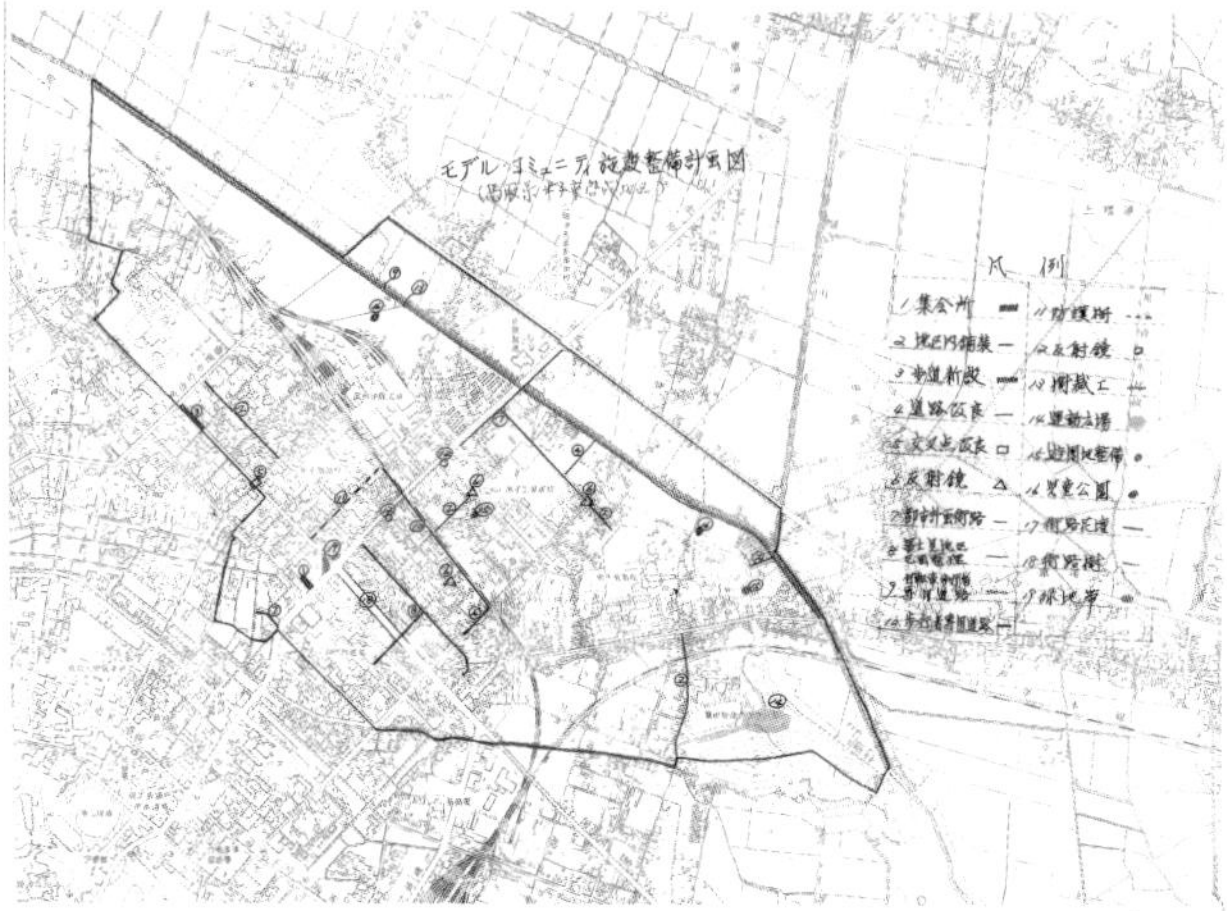

図６　啓成地区モデル・コミュニティ施設整備計画図
鳥取県公文書館所蔵「モデル・コミュニティ対策事業」所収。

を作成し、自治省に申請することになっていた。鳥取県が提出した書類から、地区調書・施設整備計画・位置図・概念図・写真集の一式を作成していたことがうかがえる。

自治省はコミュニティ研究会の委員とともに、現地視察とヒアリング調査を実施し、①地区選定の経緯、②市町村の区域との関係、③地域の一体性、④住民組織の状況、⑤都道府県・市町村のコミュニティの育成、⑥モデル・コミュニティに指定することの可否および問題点、⑦コミュニティ施設整備事業の7項目から審査を行い、モデル・コミュニティ地区を決定していた。

鳥取県では、1971年度に啓成地区、1972年度に義方コミュニティ地区、1973年度に稲葉山地区、上井地区を候補として申請しているが、啓成地区に関しては1971年度の「事務処理要領」に定められた「日常生活の圏域としての一体性」を満たしていなかったことから保留されている。1972年度の「事務処理要領」には、当該年度のモデル・コミュニティ地区の新規選定は、とくにモデルとしての価値が高いと認められる地区に限定すると定められていたことから、鳥取県はその要件を満たす義方コミュニティ地区のみを候補に挙げており、県で最初のモデル・コミュニティ地区に選定された。1973年度の「事務処理要領」には、「大都市の既成市街地または周辺地域にある居住地域（とくに防災上の問題、交通問題等の環境問題が住民の関心事になっている地区）」や、「土地区画整理事業、都市再開発事業、土地改良事業、農村総合整備モデル事業等の地域の整備に関する事業が行われている地区」に配慮して選定するよう追加変更されていた。この変更を受け、鳥取県では、鳥取大火（1952年4月17日）で大きな被害を受けた市街地に近い稲葉山地区と、倉吉駅前で土地区画整理事業が計画されていた上井地区を候補としており、どちらも選定された。

このようにモデル・コミュニティ事業では、自治省が定めた「事務処理要領」にそって精緻な調書を作成し、厳正な審査が行われており、自治省の思惑通りにコミュニティ計画が策定されていた。けれども、その定式化したプロセスは、逆に住民の意見や自主性の余地を奪うことになり、地区の個性が失われた例も少なくない。

2　コミュニティ施設の計画

義方コミュニティ地区（米子市）

義方コミュニティ地区（**図7・写真3**）は、啓成地区が保留された理由をふまえ、一体的なコミュニティとなる範囲に限定して地区が設定された。当初、地区の端部にあたる後藤駅前に保育所や母子福祉センターを併設する集会所を計画していたが、「地区全体のすべての階層の住民が楽しく参加」するためには不便であり、コミュニティ研究会からの指摘もあり、コミュニティセンター（義方公民館）は、まちの中心にある義方小

図７　義方コミュニティ地区モデル・コミュニティ施設整備計画図
米子市生涯学習課所蔵「義方コミュニティ」所収。

写真３　義方公民館とコミュニティセンター地区

学校の前に建設されることになった。

コミュニティセンターには、図書室や料理講習室、和室等を設け、多様なコミュニティ活動の場となることを想定していた。コミュニティセンターの隣に公園を整備し、その周辺には歩道橋や夜間照明、反射鏡など安全性を確保するための設備が設置された。このように義方では、小学校とコミュニティセンターを中心に、コミュニティの核を構築した点に特徴がある。ヒアリング調査では、「小学校と集会所は県道１５７号線で分断されているが、公民館から小学校が見える位置にあることがコミュニティ活動等を通してよかった」という意見も聞かれたが、コミュニティの拠点を重点的に整備したこと

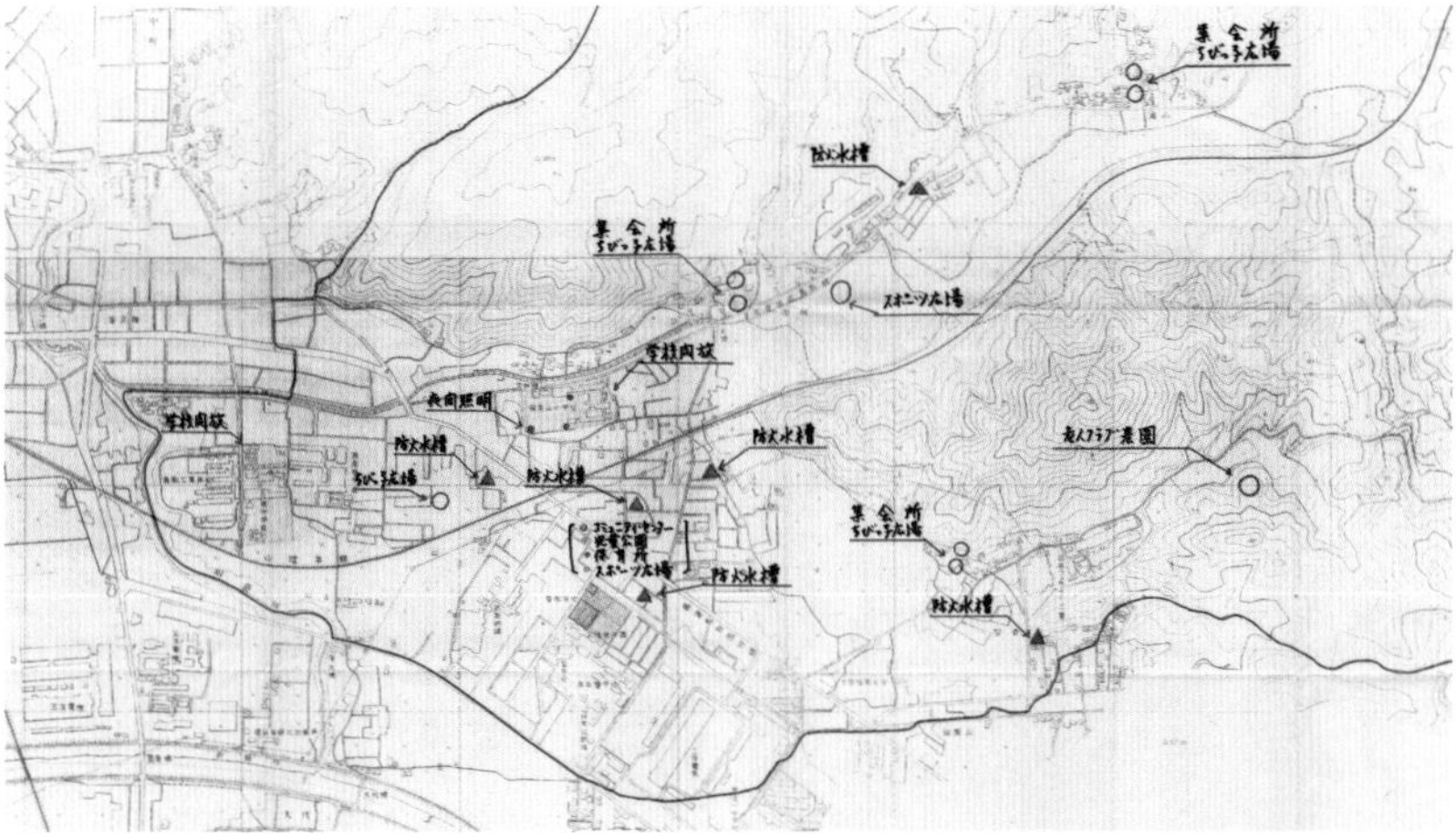

図８　稲葉山地区モデル・コミュニティ施設整備計画図
鳥取県公文書館所蔵
「モデル・コミュニティ対策事業」所収。

写真４　計画当初のセンター地区

には一定の効果があったようである。当初、これら2つの施設をつなぐために歩道橋が設置されていたが、「山陰は積雪等もあり、不便に感じ現在は撤去した」という。

また米子市では、これらコミュニティ施設の整備を米子市総合計画の基本計画のなかに取り入れ、市の中心部と周辺部との均衡のとれた施設整備をはかるという方針のもと、当該地区だけでなく、市全体を視野に入れて整備計画を立てていた点に特徴がある。

稲葉山地区（鳥取市）

稲葉山は地区全体が広域になっており、旧市街地と、鳥取大火災からの復興で建設された県営・市営住宅団地を中心とする地区、新たに市街化が進行している地区に大別される（**図8**）。このため、各地区の連帯性を高めつつ、一体的なコミュニティづくりを進める方針であった。

稲葉山では地区の範囲が広いため、全体の核となるコミュニティ・センターを設置するとともに、集会所を併設するちびっこ広場（6カ所）の分散配置を計画していた。コミュニティセンターは児童館や老人談話室等を内包する多目的施設として計画されており、付近にスポーツ広場や児童公園、保育所を設け、その一帯をセンター地区として構想していた（**写真4**）。しかし、この計画が実施されることはなく、1979年5月に旧県立鳥取盲学校校舎を改築し、稲葉山公民館が集会施設として整備された。

また稲葉山では地区が鉄道によって分断されていたが、1975年までに高架になる予定であることから、高架下を活用してコミュニティ活動につなげる方針であった。しかし実際に高架下が有効利用されることはなく、現在は一部が駐車場となっている。また地区を通過する主要県道は、歩車分離がされておらず、交通安全施設も設置されていなかったため、これに接続する市道も含めて、通学路を整備する計画になっていた。主な通学路では、自転車・歩行者道路の設置や舗装、橋梁の改良が行われるとともに、道路標識やカーブミラー、街路灯等が設置され、安全性が確保された。

上井地区（倉吉市）

上井は、モデル・コミュニティの地区設定の直前に倉吉駅（旧上井駅）に改称されるとともに、市街化が顕著にみられるようになった地区であり、約半分が新市街地であった（**図9**）。このため集会施設やスポーツ施設等の整備が急務であった。当時、県の公共施設2カ所の移転が見込まれており、その跡地2万5000㎡の利用計画とともにコミュニティ施設計画が作成されることになった。また倉吉市では、倉吉駅の改築にともなう駅周辺の再整備が中央公会堂の建設事業とともに計画されており、

写真５　コミュニティ施設
（上：河川敷公園、下：上井神社）

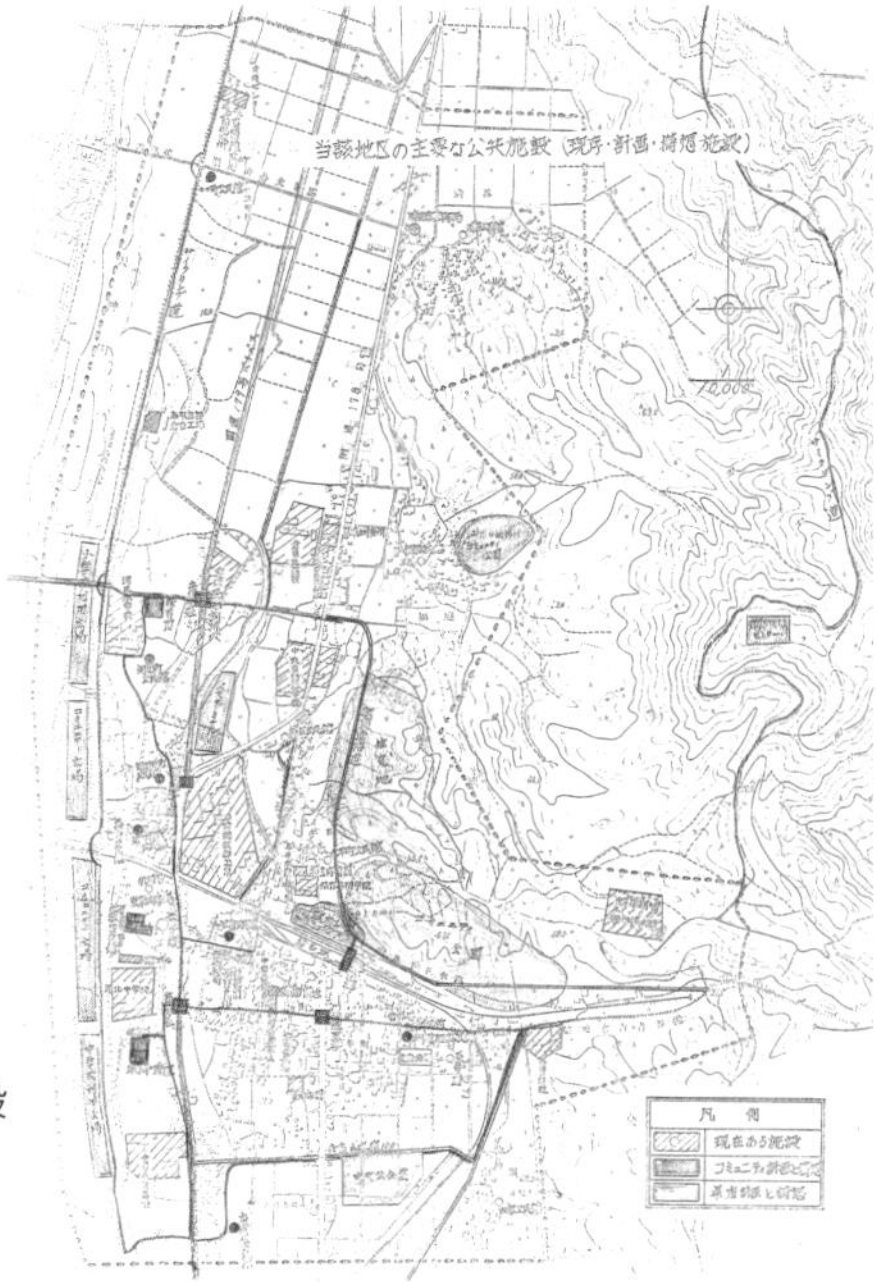

図９　上井地区モデル・コミュニティ施設整備計画図
鳥取県公文書館所蔵
「モデル・コミュニティ対策事業」所収。

市の総合開発計画との整合性を取りながら、コミュニティ計画を作成する方針であった。

　上井は、倉吉駅を挟んで南北の広い範囲がモデル・コミュニティ地区になっている。このため当初、別事業の中央公会堂のほかに、コミュニティセンター、地区公民館３カ所を分散して配置する計画になっていた。公園や広場も広範に配置されており、とくに河川沿いに連続するコミュニティ広場が特徴的である。また駅の北側には、上井神社のある丘陵地一帯をコミュニティ公園として計画していた。コミュニティセンター地区中央公民館は、県立蚕業試験場の跡地に、集会施設だけでなく、老人館や児童館、体育館、市民プール（既設）、コートを併設した総合的なコミュニティ施設として計画されていた。そしてこれらのコミュニティ施設群をつなぐ道路ネットワークが、県・市の道路計画やサイクリング道も含めて総合的に計画されていた点に特徴がある。

　ところが、モデル・コミュニティ事業の実施内容についてみてみると、集会施設は公民館が2カ所建設されるにとどまった。一方、オープンスペースとして河川敷スポーツ広場やコミュニティ公園（清谷神社・上井神社に併設）などが一程度整備された（**写真5**）。上井神社に併設するコミュニティ広場には、かつて遊具が設置されていたが、老朽化とともに撤去された。また市道、橋梁、街路灯、下水溝等の交通安全施設やゴミ集積場、消防ポンプ等の生活環境施設がひととおり整備された。

3　コミュニティ活動

義方コミュニティ地区（米子市）

モデル・コミュニティ地区に選定された際に、自治会連合会など20団体の代表者で構成される「義方コミュニティ協議会」が結成されており、実際の活動は協議会と連携する運営委員会によって運営された。コミュニティ計画では、「安全できれいな街づくり」「コミュニティのシンボル」「コミュニティの形成」を基本計画の目標として定め、それにそって「安心して歩ける街づくり」「きれいな街づくり」「健康をつくる」「伝統的行事の継承」「地域内の交際の活性化」といった活動計画が立てられた。

コミュニティ活動・行事は、公民館が発行する「義方館報」によって案内され、主にコミュニティセンター（義方公民館）と隣接する小学校で行われた。公民館では交通安全の講習会や、敬老会、文化祭等が催される一方、小学校では運動会や球技大会など、大人数が集まる行事が開催された。また、環境を良くする会や生活学校などが主体となり、加茂川の清掃や美化運動が推進されたが、こうし

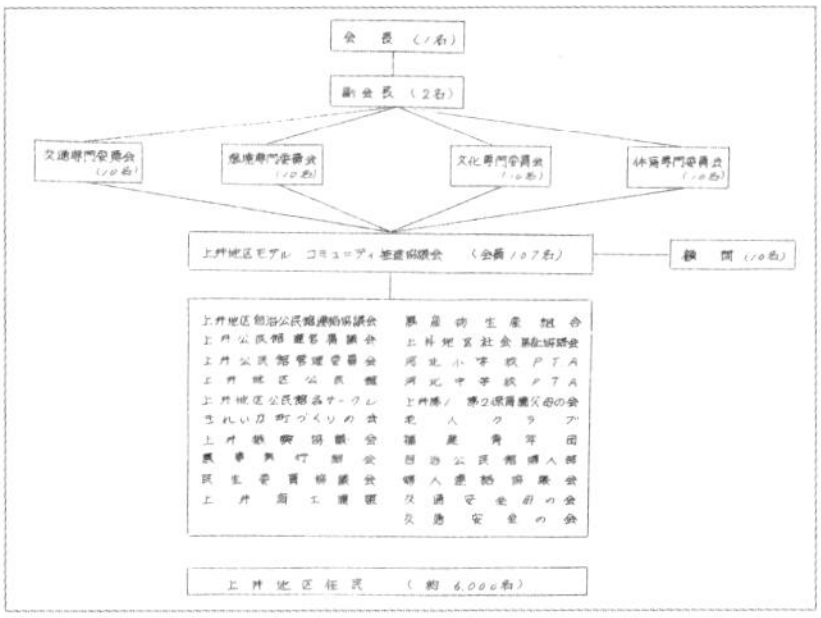

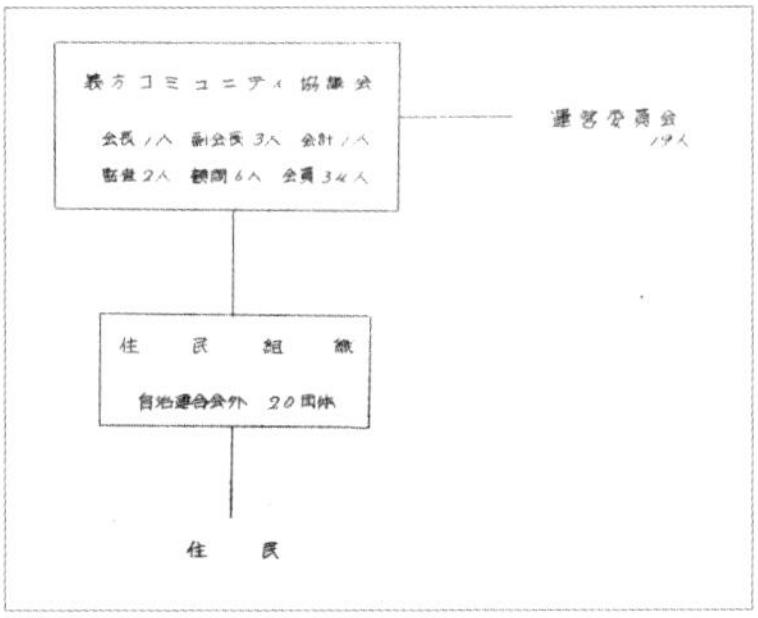

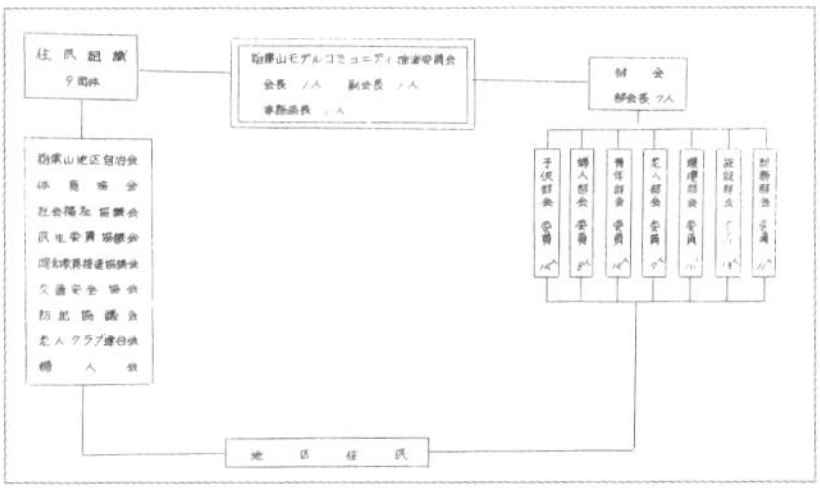

図 10　鳥取県のモデル・コミュニティ地区の組織図
自治省行政局行政課
「コミュニティに関する調（その2）」
（昭和 52 年 3 月）。

た共同作業はコミュニティづくりの重要な場となった。義方では、現在でも公民館や小学校において、ぎほう夏祭りや、公民館祭などが名称を変えつつも実施されており、コミュニティの核として重点的に整備したエリアが、コミュニティ活動の場として継承されている。

義方コミュニティ協議会は、１９７６年から毎年2月にコミュニティ研修会を開催しており、現在までつづけられている。研修会のテーマは、大学教授をはじめとする専門家の講演会や、鳥取県や米子市職員による地域づくりや防犯などのまちづくりに関する内容が多い。また境港市立図書館主催の「京橋～文化を伝えた米子市の表玄関～」といった地域文化に関するテーマもあった。２０１９年2月に開催された第45回義方コミュニティ研修会では、米子市社会福祉協議会米子市地域福祉推進室によって「義方地区の福祉のまちづくりに向けて～米子市社協の取り組み～」という題目の講演会が開催されており、参加者も78名に上っている。このように義方のコミュニティ研修会は、現在でも多数が参加する研修会として継続されている。

稲葉山地区（鳥取市）

稲葉山地区では、住民組織9団体をまとめる稲葉山モデルコミュニティ推進委員会が組織され、鳥取市と連携してコミュニティ活動の計画が策定された。

コミュニティ活動では、交通安全の啓蒙や巡視、町内一斉掃除・草刈といった美観の維持に関する活動のほか、老人クラブや青少年育成、スポーツ団体、敬老会への補助が行われている。コミュニティ組織が複雑であることや地区の範囲が広いため、コミュニティ活動そのものを企画するだけでなく、支援を行っている点に特徴がある。

また納涼祭や海水浴など、地区ごとに企画される行事も多かったが、一方で広域的な地区を包含している利点もあった。例えば、地区別対抗野球大会など、地区ごとに競い合うスポーツ大会を催し、白熱して盛り上がることはコミュニティの醸成に一役買うことになった。また、鳥取市を美しくする会稲葉山支部では、市のシンボル・ツリーである山茶花（さざんか）を植樹し、街並み景観をつくる運動が進められた。このほかに市町村行政に住民の意思を反映させるため、自治会が中心となって地区めぐりや市民集会を開催し、市に対する陳情が行われた。

現在、稲葉山地区モデル・コミュニティ推進委員会は、公民館が運営するまちづくり協議会に受け継がれており、「いなば山」という広報誌を通して情報提供しつつ、コミュニティ活動を進めている。稲葉山公民館を拠点として、納涼祭や各種行事・サークル等のコミュニティ活動を開催することで、より多くの参加者を得ることができるという。一方、「ふれあい・文化・じげ祭り」という稲葉山地区にとどまらない大規模な行事については、鳥取市や他の地区のまちづくり協議会とも連携しつつ共同で開催している。また、まちづくり協議会は、「稲葉山地区まちづくり計画」を策定し、地域コミュニティの活力が低下している現状を改善するために、地域住民と自治会、そして鳥取市が三位一体となる「協働のまちづくり」を目指して活動している。

上井地区（倉吉市）

上井地区では、各種協議会、委員会、ＰＴＡなどをまとめる上井地区モデル・コミュニティ推進協議会が組織され、そのなかに交通専門委員会、環境専門委員会、文化専門委員会、体育専門委員会が設置された。上井では全体を統括する協議会の下に各種専門委員会が設けられていた点に特徴があり、それぞれ交通安全指導や、美化活動、盆踊りなどの文化的活動、運動会・球技大会を運営していた。

上井地区のコミュニティ活動は、広報誌「コミュニティ・ニュース」によって周知され、主に地区公民館で開催されていたが、スポーツやレクリエーション活動など屋外の行事は、小中学校や河川敷スポーツ広場、コミュニティ公園を利用して行われた。特色のあるコミュニティ活動として、老人向けのねんりん公民館や、子供たちが参加するワンパク公民館、カギっ子たちが参加するポプラ学級などが挙げられる。またコミュニティ公園が上井神社に併設されていたことから、神社ごもり（お弁当を持参し一日過ごす）という行事も行われた。一方、行政に住民の意見を反映させる活動として、各種団体の総会や分科会を開催するとともに、市・県・議会への陳情のほか、市政研究会への参加も行われた。

ところが10年経過後には、上井地区のコミュニティ活動の主体は、モデル・コミュニティ推進協議会から公民館に変更されており、花づくりやゲートボール、ふるさとづくり（お祭り神輿）といった新規のコミュニティ活動も行われるようになった。現在では、防災や健康の講座や、マラソン駅伝大会や球技大会、地区運動会、ソフトバレーボールといったスポーツイベント、あげい祭りやクリスマスコンサートなどが開催されている。このように組織の改変とともにコミュニティ活動も少しずつ様態を変えてきている。

地区公民館へのヒアリングから、上井ではかつてモデル・コミュニティ地区に選定されていたことさえ認識されておらず、「モデル・コミュニティ」は完全に忘れ去られていたことがわかった。上井神社に併設された「コミュニティ広場」でつづけられる清掃活動のなかに、モデル・コミュニティの残り香がわずかに残されるのみであったが、2021年4月より、上井公民館は上井コミュニティセンターへと改称され、広報誌等にも「コミュニティ」という見出しが甦った。

4　モデル・コミュニティ事業のその後

自治省のモデル・コミュニティ事業はわずか3年で終了したが、その後、県レベルの施策としてコミュニティ事業が模索された点で重要だった。

鳥取県では、モデル・コミュニティ事業を進めるなか、各都道府県における独自のコミュニティ対策（要綱の策定・財政措置・モデル・コミュニティ地区の設定）に関するアンケート調査を行っている。自治省モデル・コミュニティ事業の終了直後にも、県単独でモデル・コミュニティ地区を指定していた17の自治体に対し、①自治省限定モデル・コミュニティについて（財政援助措置の方針や方法、協力指導、関係協力体制）、②県独自コミュニティ地区について（選定方法・地区の単位・財政援助措置）、③問題点について調査を行い、情報収集を行っている。結局、鳥取県では、県単独のモデル・コミュニティ地区の指定は見送られたものの、１９７７年に「鳥取県市町村貸付基金」を設け、「地域連帯感の醸成を促進するための活動に必要な施設の整備事業」に対して資金の貸し付けを行い、コミュニティづくりの支援を開始した。

また鳥取県新生活運動協議会が主催する鳥取県コミュニティカレッジでは、１９７３年11月から１９７５年3月まで計10回にわたってコミュニティ研修会が開催された。コミュニティカレッジのねらいは、地域集団の内部に居て世話をする人（リーダー）と、これを補佐する人（ワーカー）の育成であり、コミュニティに関する理論や技術を体系的に学ぶ場が提供された。コミュニティカレッジでは、住民運動や地方自治について学ぶとともに、リーダーシップを会得するためのワークショップや、先進事例の現地視察など、さまざまな工夫が行われていた。また１９７６年5月には、県独自のコミュニティ研究会が発足しており、メンバーは庁内関係課長や市町村職員・学識経験者らで構成されていた。この研究会では、市町村事務担当者や地区のリーダーを対象に、「住みよいまちづくりをめざして」と題した講演会や「ふれあいのある〝まち〟」の映画上映会などが開催された。

その後、自治省は、１９８３年から2年間、都市とその周辺地域を対象に、創意と工夫に富んだコミュニティ活動をより一層推進させるという目的で「コミュニティ推進地区」を設け、１９８３年度に50地区、１９８４年度に46地区を指定している。鳥取県では初年度に高麗地区（西伯郡大山町）がコミュニティ推進地区に指定された。

おわりに　～モデル・コミュニティ事業の残滓～

自治省モデル・コミュニティ事業後の1977年の段階で、都道府県レベルで策定される県単独のモデル・コミュニティ地区（通称「県単モデル」）は17都道府県288地区で指定されており、1983年までに23県512地区までその数を増加させている。また1977年12月末時点の調査によれば、全国3279市町村のうち、コミュニティ施策実施市町村数は、47都道府県1900市町村にも上っており、コミュニティに関する施策が市町村の基本計画の上に位置づけられている市町村も1189を数えた。1983年の段階では、何らかのコミュニティ施策を行っている市町村は2528であり、市町村の基本計画にコミュニティ施策を位置づけている市町村は1754まで増加している。

自治省のモデル・コミュニティ事業はわずか3年間で83地区に過ぎなかったが、これらの数字は全国各地にコミュニティづくりを浸透させるのに十分インパクトのある施策だったことを物語っていよう。本書では紙幅の関係から、県単モデル・コミュニティや市町村のコミュニティ施策について取り上げることはできなかったが、モデル・コミュニティ地区でみられたコミュニティ施設やコミュニティ活動は、おそらくほとんどの読者にとって、どこか懐かしい原風景となっているのではないだろうか。そしてそれは名称や様態を変えながらも受け継がれているモデル・コミュニティの残滓といってよい。

自治省モデル・コミュニティ事業は、住民参加を謳い、自分たちで独自のコミュニティづくりを行うことを目指した現在のまちづくりにも通じる施策だった。けれども自治省が入念に準備し、要綱を作成し、モデルをつくったことが逆に桎梏となり、ほとんどのコミュニティではそのモデルの残像から抜け出すことができていないように思う。

おそらく自治省が行った「モデル・コミュニティ」という事業は、ほとんどの方にとっては知らない単語、あるいは忘却の彼方にある単語に違いない。けれども「モデル・コミュニティ」という亡霊はたしかに全国津々浦々のまちに取り憑いているのだ。それは高度経済成長という成長社会に生まれた亡霊といってよいかもしれない。人口減少社会に変質しているいまこそ、わずか3年83地区のモデルの幻想を振りほどき、これからのコミュニティとはどうあるべきなのかを真剣に模索することが求められているのではないか。

われわれの生活をじわじわと、そして確実に変質させているのが、インターネットやスマートフォンといった情報技術である。新型コロナウィルスの蔓延は、そのことをより顕在化させたといってよいが、場所にとらわれない働き方や学び方はたしかに定着しつつある。近未来には自動運転の町も構想されており、住区＝小学校区の概念やその範囲も変わっていきそうだ。どうやら、いまわれわれに求められているコミュニティの再編とは、モデル・コミュニティの残滓をアップデートするのではなく、フルモデルチェンジすることであるといってよさそうである。

（1）委員の構成は、日笠端・伊藤滋・森村道美（都市工学）、佐藤竺（行政学）、松原治郎・倉沢進（社会学）、石田頼房（都市農村計画学）の7名。

（2）なお、ハードの施設整備については、各種資料、行政文書、各種要綱等などで「生活環境の整備」「環境施設整備」という用語も使われているが、引用部分を除き、本書では「コミュニティ施設整備」としている。

参考文献

地方自治制度研究会編『コミュニティ読本』帝国地方行政学会、1973
日笠端『コミュニティの空間計画　市町村の都市計画1』共立出版、1997
広原盛明『日本型コミュニティ施策』晃洋書房、2011
尾崎せい子・中野茂夫「自治省モデル・コミュニティ施策の推移と都道府県の動向」（日本建築学会『住宅系研究報告会論文集』14巻、157－166頁、2019年12月）
国民生活審議会調査部会編「コミュニティ―生活の場における人間性の回復―コミュニティ問題小委員会報告」（大蔵省印刷局、1969年9月）
自治省コミュニティ研究会「コミュニティ研究会中間報告」1973年7月
自治省コミュニティ研究会「コミュニティ研究会報告」1977年3月
自治省行政局行政課「コミュニティに関する調（その1）（その2）」1977年3月
地方自治協会「地方公共団体におけるコミュニティ施策の状況」1978年3月
自治総合センター「モデル・コミュニティ地区におけるコミュニティ活動などの状況」1983年3月
自治総合センター「地方公共団体のコミュニティ施策」1984年2月
自治省行政局行政課「コミュニティ推進地区におけるコミュニティ活動等の状況」1985年1月
鳥取県立公文書館所蔵「モデル・コミュニティ対策事業」1970－1974年度
米子市生涯学習課所蔵「義方コミュニティ」1972年度
地方自治制度研究会『地方自治』各号

年度	市町村	地区名・属性（都市●：農村○）	地区の概要 人口	面積（㎢）	主なコミュニティ施設整備状況	主なコミュニティ活動
1971	深川市	納内○	4,189	53.2	コミュニティセンター、駐車場、集会室兼レクリエーション施設	交通安全、老人・母子家庭慰安会、検診、花いっぱい運動、笑顔であいさつ運動、ハイキング、サイクリング、ソフトボール、ボーリング大会、スキー大会、卓球、民謡・短歌教室
	黒石市	西部●	6,089	1.64	コミュニティ集会所、会館、児童館、散策公園、交通安全施設、歩行者専用道路、街路花壇、道路改良、児童遊園地、フラワー交換公園	交通安全、募金、歳末たすけあい運動、福祉、清掃、花壇・フラワーポット、防疫・害虫駆除、運動会、子ども会、よされ踊り、体育祭、文化祭
	大迫町（岩手）	大迫○	3,486	9.48	コミュニティ道路、芝生植栽、公衆便所、コミュニティセンター、小集会所、コミュニティ体育館、児童の遊び場、近隣公園	交通安全、防火、清掃、健康、料理教室、花いっぱい運動、運動会、敬老会、祭・盆踊り、各種スポーツ教室、文化祭、子供会、行政に対する要望
	中田町（宮城）	浅水○	3,990	12.76	コミュニティセンター、集会所、運動広場、自然公園、児童遊園地、歩行者・自動車道・コミュニティ生活道路舗装、交通安全施設	交通安全、救急、募金・困窮者への生活物資の配給、健康食講習会、清掃・除草、花壇づくり、歩け歩け運動、六十寿会、盆踊り、芸能祭、バレーボール、研修旅行、町政を聴く会
	若美町（秋田）	中央○	3,152	9.41	コミュニティホーム、通学安全道、近隣公園	交通安全、水泳監視、健康、料理教室、老人の慰問、清掃、植樹、花壇づくり、祭、親と子のハイキング、運動会、歩こう会、ソフトボール、綱引、芸術祭、町民室
	河北町（山形）	谷地、北部●	5,732	9.10	通学路新設舗装、児童遊園、コミュニティセンター、保育所	交通安全、消防・防犯訓練、連合会総会・公民館協議会、福祉のつどい、敬老会、共同募金、各種検診、身体障害者・寝たきり老人の介護・巡回、河川浚渫・消毒、清掃、祭・雛祭・盆踊り、各種体育行事、PTA 父親学級・参観、研修会、消費者行政の推進、町長と語る日
	郡山市	桑野、亀田●	8,645	2.96	公民館、保育所	交通安全、防犯、食生活改善・健康づくり講習会、花壇、花いっぱい運動、盆栽、苗木即売会、盆踊り、歩け歩け運動、新春芸能大会、新年会、文化祭、運動会、球技大会、住民意識アンケート調査、生活環境実態調査
	勝田市	津田●	6,125	4.62	公民館、保育所	生活改善研究会、防犯、たすけあい募金、花と緑の運動、ゴミ処理、害虫駆除、夏祭り、盆踊り、スポーツ大会、さつき展、菊花展、市政懇談会、婦人・高齢者学級、趣味の教室
	高根沢町（栃木）	太田○	4,273	19.94	コミュニティセンター、コミュニティ関連道路、道路新設	交通安全、草刈・清掃、健康、盆踊り、花いっぱい運動、運動会、球技大会・囲碁・将棋大会、町補助金の増額要望
	前橋市	広瀬コミュニティ●	5,316	2.96	コミュニティセンター、公園、スポーツ施設、緑地帯、自転車・歩行者道、消火栓、保育所	清掃美化・除草、クリスマス会、運動会、七夕祭り、花火、バレーボール、トランポリン、卓球、婦人自主学習グループ
	蕨市	北コミュニティ●	16,273	0.71	コミュニティセンター、交通安全施設、避難広場、運動広場、コミュニティ会場、図書館	交通安全、一日遠足、映画会、公園美化、花と樹木を植える運動、体育大会、美術展覧会、文化祭、広報発行、指定文化財の PR、ラジオ体操、歩け歩け運動
	流山市	八木南●	4,726	4.79	コミュニティホーム 3、児童公園、図書館、保育所、自転車歩行者道路 2、自転車置場	交通安全、防犯・防火、花火、敬老会、清掃、節電講習会、バレーボール、写生、サイクリング、日除け・花壇づくり、盆栽、コミュニティ推進視察、コミュニティ地区合同講座発表会
	藤沢市	長後●	21,288	4.26	市民センター、老人憩いの家、市民の家、保育所、公衆便所、自転車置場、交通安全施設、広場、児童公園	手芸・華道等の発表、児童ポスターの展示、バザー、市との意見交換、まちづくりについて語る集会、都市計画の意見交換、コミュニティ施設の要望
	柏崎市	中鯖石○	2,437	14.07	コミュニティセンター、児童交通公園、生活道路、運動広場、交通安全施設、保育所	交通安全、防犯、中高年の親の会、青年と語る会、血液検査・栄養改善、清掃・美化啓蒙、保勝会、運動会、盆踊り、敬老会、文化祭、芸能発表会、婦人会・高齢者教室等、子ども会・スポーツ団体活動育成、オリエンテーリング、バレーボール、体操、コミュニティづくりの座談会、自治意識の啓蒙
	金沢市	寺町台●	27,379	4.24	交通安全施設、児童図書館、保育所、児童館、老人福祉センター、体育館、小学校プール、公園	交通安全、防火・防犯、子ども会・老人クラブの組織づくり、親切運動、慰問・奉仕活動、老人大学の開設、戦没者慰霊祭、募金、歳末助け合い運動、ハイキング、運動会、定期検診・献血、ラジオ体操、歩こう会、防虫、清掃・美化啓蒙、花いっぱい運動、祭・祭礼、スポーツ大会、レクリエーション、風致地区・歴史的文化財等の保全、文化フェスティバル・教室、市長を囲む市民の集い、旅行会、歓送迎会
	鯖江市	河和田○	5,774	20.24	交通安全施設、街路花壇、防犯防火施設、ゴミ収集施設、コミュニティセンター、集会所、保育所、児童遊園、スキー場、遊歩道、近隣公園、共同 TV アンテナ、掲示板	交通安全、防火、育児相談、健康・保健栄養・体操・衛生、歩け歩け大会、ラジオ体操、町ぐるみスポーツ、フラワー道路、大掃除、表彰、体育大会、バレーボール、囲碁、趣味の会、スキー教室・大会、各種講座、敬老会・老人学級等
	竜王町（山梨）	中部コミュニティ●	3,090	4.34	コミュニティセンター、公園プール	交通安全、防犯、健康相談、花木の栽培による環境整備、清掃、祭、地域づくり運動会、親子ハイキング、ソフトボール、卓球
	長野市	若槻●	10,728	12.50	–	防犯、交通安全、健康診断・講座・献血、児童館運営、敬老会、老人と子供の語り合い、清掃デー、運動会、文化祭、芸能祭、各種スポーツ大会、行政懇談会、施設整備要望
	焼津市	東部●	9,340	12.44	コミュニティセンター、防火施設、交通安全施設、道路整備	交通安全、ソフトボール、バレーボール、体力テスト、美化啓蒙・清掃、運動会、初日の出、ふるさと新聞・文教だより発刊、文化財保護・巡視、野鳥観賞、わら細工、文化祭、学習発表・作品展示、オリエンテーリング、生活環境実態調査、青少年指導、親子ハイキング、映画会、特育講演会

年度	市町村	地区名・属性（都市●：農村○）	地区の概要 人口	面積（㎢）	主なコミュニティ施設整備状況	主なコミュニティ活動
1971	久居市	立成●	3,444	2.00	歩行者専用道路、防火・防災施設、保育所、広場	危険点検・保安、交通安全、救急、美化、花いっぱい・緑化運動、芝張り・植樹、運動会、盆踊り、キャンプ、老人の生きがい・健康管理・講演会・座談会、盆栽・園芸、市内施設めぐり
	大津市	晴嵐コミュニティ●	18,249	8.03	会館、保育所、児童遊園、駐車場、プール	交通安全、防犯・防火・夜警、青少年育成・児童福祉・老人福祉、検診、老人慰問、善意の献金、戦没者慰霊、リーダー研修、レクリエーション、写生、清掃、リサイクル、遊歩道・自然歩道整備、祭、文化祭、運動会、水泳、市民を囲む懇談会
	大阪市港区	池島●	23,420	0.69	児童公園・遊園、自転車道路、近隣センター、集会施設、保育所、老人憩の家	交通安全　敬老会、祭、盆踊り、コミュニティ・スクール、ソフト・ボール、ダンス・民踊講習会、演芸・文化園芸展、不用品交換会、成人学校
	岸和田市	城北●	6,785	0.77	保育所、公民館、幼稚園、公園、貸農園、細街路、歩行者専用道路、ちびっ子広場、プール	交通安全、防犯、健康診断・健診、清掃、祭礼、体育大会、ソフトボール、バレーボール、ピクニック、文化祭
	神戸市	丸山●	23,143	2.11	コミュニティセンター	防犯・消防・災害救助、交通安全、献血、敬老会、寿大学、心身障害者との交流、赤ちゃん・レントゲン・成人病検診、いもほり、老人との交流、植樹運動、愛鳥運動、掃除・クリーン作戦、森林公園整備計画、都市と農村との地区交流、祭、餅つき、相撲、民踊、映画会、バレーボール、卓球、野球、剣道、空手等の各種スポーツ、教育キャンプ、同好会活動、行政との情報共有・調整・協議、ちびっこ広場
	姫路市	曽左●	9,177	11.75	歩道橋、通学路、街灯、緑地帯、集会所、保育所、児童遊園	交通安全、防火防犯運動、敬老会、社会奉仕、早起体操、清掃、緑化、祭、運動会、歩こう会、盆踊り、料理・書道・手芸・生花・短歌・囲碁等の教室、バレーボール大会、ソフトボール、球技大会、休耕田の開放（家庭菜園）、行政へ改善等要求、機関紙の発行、各種団体役員の定例連絡協議
	生駒市	生駒小学校東●	2,044	1.75	近隣・児童公園、緑地、歩行者専用道路、歩道橋	防犯の啓蒙と防犯ベル等の設置、清掃、慰安旅行、クリスマスパーティー、子供の日の会合等、慰安旅行、県・市への要望、研修・講習・見学会等
	松江市	大庭○	5,412	1.04	公民館、プール、通学路、集会所、バレー・テニスコート、歩行者専用道路	交通安全、消防・防犯・水防、青少年団の育成・補導、高齢者慰問、花一ぱい運動、清掃、ピクニック、各種体育大会、見学・レクリエーション、明るい町づくりの要望等
	和気町（岡山）	日笠○	1,848	27.10	会館分館、プール、消防施設、道路舗装・改良	救急・防犯、交通安全、保健衛生講座、乳児検診・健康診断・検診、清掃・啓蒙・防虫、秋祭、運動会、オリエンテ－リング、盆踊り、ピクニック、史跡めぐり、バレーボール・ソフトボール、スポーツ少年団の育成、町政懇談会、一般料理教室
	広島市	南観音●	9,946	1.06	児童館、児童公園	交通安全、防火・防犯、敬老会、基金・募金活動、清掃、運動会、盆踊り、秋祭、ピクニック、体育大会、父と子の話し合い会、ソフトボール、バレーボール、文化活動（コーラス、料理教室、生花教育、園芸、音楽鑑賞等）、ゴミの減量・廃品回収、飛行機乗入れ反対運動
	下関市	川中●	12,581	11.81	会館、児童公園・近隣公園	高齢者の社会教養を高める講話、中国訪問報告、海水浴場の清掃、各種球技大会
	鴨島町（徳島）	飯尾、敷地○	2,712	6.60	コミュニティセンター、運動広場、バレー・テニスコート、交通安全施設	交通安全、バレーボール、テニス、球技大会、ソフトボール、料理講習、清掃、運動会、祭
	松山市	垣生●	6,281	4.25	交通安全施設、防火施設、集会所・公民館分館、公園等、排水・用水路・下水路整備	美化、安全、健康増進・敬老の啓蒙、明るく住みよい生活環境づくり、心のふるさとづくり、郷土の文化活動の助成、文化・体育・レクリエーション活動（球技大会・運動会・クリスマス会・ハイキング・キャンプ等）、コミュニティ意識の醸成
	高知市	下知街コミュニティ●	10,571	3.32	公園、集会所、歩道	防犯、清掃、地域問題の協議対処、運動会、盆踊り、野外活動、花火、クリスマス会、婦人学級、成人講座、読書活動、敬老会
	大野城市	大野南●	2,021	11.28	コミュニティセンター、老人憩の家、プール、バレー・テニスコート、夜間照明、公園	交通安全、防犯・災害対策、清掃・ゴミ減量運動、栄養教室、美容体操、航空機騒音対策、盆踊り、運動会、ソフトボール、バレーボール、野菜づくり
	伊万里市	大川町コミュニティ○	5,339	29.80	コミュニティセンター、児童遊園・運動広場、消防施設、老人憩の家	交通安全、防火、体力テスト、健康診断、町づくり・心のふれあい・美化・リサイクル運動・啓蒙、盆踊り、祭、体育大会、ソフトボール、バレーボール、郷土史編纂・伝承芸能・民話の収集、教育キャンプ、民謡大会、施設整備等の陳情
	長崎市	日見○	6,852	7.00	交通安全施設、防犯防火施設、コミュニティセンター、公園	交通安全、敬老慰問会・老人福祉、大掃除、民謡、祭、ソフトボール、ドッチボール、バレーボール、コミュニティレクリエーション、文化祭、成人祭、市長との協議・自治省コミュニティ研究会との協議等
	西合志町（熊本）	南校区コミュニティ○	4,609	7.39	スポーツ施設 文化センター、公園	生活環境清掃、盆踊り、どんどやき、運動会、文化祭、ソフトボール、各種クラブ活動、広報紙発刊、行政への要望
	大山町（大分）	上郷○	1,744	14.40	近隣公園・広場、コミュニティセンター	交通安全、栄養教室、清掃・美化啓蒙、運動会、盆踊り、ソフトボール、陸上競技、駅伝、体育の日、町政座談会
	門川町（宮崎）	草川○	6,664	21.40	近隣公園、遊歩道、コミュニティセンター	—
	串木野市	羽島○	3,948	20.00	コミュニティセンター、児童公園・近隣公園・運動広場、コミュニティ道路	非行防止、交通安全、消防訓練、老人の健康増進・ゲートボール・イスづくり、海の美化運動・清掃、祭、運動会、盆踊り、剣道、相撲、ソフトボール、バレーボール、文化祭、生花・料理・手芸・婦人スポーツ教室

1972	千歳市	北栄●	5,058	0.70	コミュニティセンター、公園、バレー・テニスコート、交通安全施設	交通安全、防火、防犯、敬老会、研修会、老人ホーム慰問・慰労、記念植樹、川まつり、花いっぱい運動、盆踊り、ソフトボール、バレーボール、少年野球、卓球、コミュニティ教室・活動（ダンス・書道・囲碁・民謡・卓球・詩吟）、スキー、スケート、市政懇談会、研修視察、アンケート調査、広報誌、不要品交換、生活会議、料理講習会、講演会
	山田町（岩手）	織笠○	3,481	45.89	プール・運動広場、道路改良・舗装、コミュニティセンター	防犯、あるこう会、体力測定、美化清掃、花と木の植栽、花見、レクリエーション、水泳、運動会、体育祭、研修旅行、郷土史の研究発表、少年野球、陳情、請願
	太田町（秋田）	東部○	3,710	85.29	—	交通安全、防火、心配ごと相談、老人家庭の奉仕・慰問・地域福祉、出稼ぎ者を送る会・つどい、宿泊研修（町長との懇談会）、子育て・家庭生活・趣味等の学習、球技大会（野球・卓球・相撲・バレーボール・健康増進）、登山、花いっぱい運動、清掃、祭典・正月行事、盆踊り、運動会、モチツキ大会、芋掘り、行政に対する意見、盆栽・表具・表装の実習等、ニンニク栽培、ウサギの飼育、下刈
	太田市	強戸コミュニティ○	6,633	13.39	コミュニティセンター、公民館、運動広場	交通安全、児童公園の整備、予防検診、各種薬剤散布、納涼大会、ソフトボール、キャンプ、スキー、野球、ラジオ体操、清掃、不用品バザー、運動会、新生活運動（料理・生花・手芸教室）、研修会
	八千代市	八千代台・小板橋●	32,399	4.60	コミュニティセンター・自治会館・サブセンター、保育所	防犯・夜警、交通安全、健康管理講座、殺虫剤・消毒剤の配布、歩行者天国、盆踊り、運動会、青年会等の活動支援、マラソン、料理講習会、郷土見学会、市長との対話集会・行政に対する要望
	高岡市	西部地区コミュニティ●	21,722	7.70	改良歩道、防火施設、コミュニティセンター	交通安全、健康診断・栄養教室、植樹・清掃・美化、園芸教室、花壇の管理、展示会、バザー、茶席、芸能発表、各種学級・教室、文化サークル、少年研修館、行政への意見
	島田市	六合●	6,156	11.22	コミュニティセンター、幼稚園、遊園地、運動広場、交通安全施設・照明、防火施設	防犯、防火、交通安全、老人慰問、慰霊祭、福祉講演会、敬老会、七五三合同祝、冠婚葬祭簡素化運動、納涼祭、新春初笑い、ソフトボール、バレーボール、野球、卓球、歩け歩け大会、広報紙発行・掲示板、文化祭、青少年育成、図書整備
	八日市市	西部コミュニティ○	6,455	17.05	自転車道路、交通安全施設、保育所、老人憩いの家、児童遊園、幼稚園、青少年ホーム、体育館	防犯、交通安全、敬老行事、老人の訪問、清掃、運動会、神社祭、運動会、体育大会、レクリエーション、行政に対する要望意見
	米子市	義方コミュニティ●	11,948	1.00	コミュニティセンター、交通安全施設、夜間照明	交通安全、敬老会、清掃・美化、遠足、ラジオ体操、地蔵まつり、海水浴、レクリエーション、廃品回収、ちびっこ農園、運動会、文化祭、公民館祭、球技大会
	五日市	八幡●	4,822	9.10	コミュニティセンター・集会所、保育所、自転車歩行者専用道、交通安全施設、児童遊園	防犯、保健・老人福祉、清掃・雑草焼却、運動会、祭礼、教室・作品展示、ソフトボール、バレーボール、自治行政の研究・陳情・要望
	徳島市	東富田●	11,707	0.74	コミュニティセンター	防火、救急、健康診断、美化・花いっぱい運動、体育の日、健康管理
	長与町（長崎）	高田●	5,325	5.22	コミュニティセンター、近隣公園、児童公園、交通安全施設、公衆便所	交通安全、老人ホーム慰問、清掃・消毒、運動会、盆踊り、祭、キャンプ、ソフトボール、道路整備・河川改修の促進、補助金の増資
	横川町（鹿児島）	安良小学校区○	2,653	35.19	—	救急・検診、防犯・社明運動、老人慰問、清掃美化、オリエンテーリング、つつじ祭、ゲートボール、運動会、短歌・俳句の同好会、各種教室、老人学級、住民の意見集約
1973	清水町（北海道）	御影○	2,311	29.75	公民館、消防庁舎、駐車場、保育所、体育室、プール、スケートリンク・スタンド、交通安全施設・道路改良、通学専用道路、コミュニティ道路	交通安全、防火、防犯、老人家庭の慰問、社会福祉講演会、慰安会、敬老会の支援、社会福祉施設等の環境整備、花火会、交歓会、模型飛行機大会、植樹、花いっぱい運動、ボランティア活動、運動会、祭、牧場まつり、山開き等の協力援助活動、花見会、芸能発表会、文化活動（舞踊・民踊・俳句・窯業・ダンス・生花等）、歩け歩け運動、登山会、ラジオ体操、体力テスト、スケート、町政懇談会
	花巻市	花北●	6,147	1.50	コミュニティセンター、体育館、近隣公園、集会所	防犯パトロール、敬老会、清掃、防虫駆除、運動会、祭、バレーボール、卓球、交賀会、盆おどり、地区開発の相談、陳情、親子旅行、読書会、学習会、売り出し、金融対策
	男鹿市	船川●	12,604	53.93	—	交通安全、巡回防犯、冠婚葬祭の簡素化運動、清掃、緑化、生垣づくり、フラワーボックスの設置、健康増進、自然観察、ナマハゲ祭、楽しみ会、海水浴場整備、タコ上げ・制作、盆踊り、運動会、写生・展示、市長と語る会、住民の意思の反映
	太田町（秋田）	南部○	3,121	11.90	生活安全道路、体育館、広場・遊園、自転車道・連絡道、交通安全施設、街路樹、コミュニティホーム	交通安全、心配ごと相談、老人家庭・ホーム慰問、地域福祉調査、出稼ぎ者を送る会等、神社の補修、募金、植樹・補植、花いっぱい運動、クリーンアップ、横沢ささら実演、祭典、三本扇さいさい踊、書初め、綱引、盆踊り、運動会、モチツキ大会、登山、芋掘り、学習会、宿泊研修、町長との懇談会、家庭生活実習、野球、卓球、相撲、バレーボール、盆栽や表装の実習等の情報交換会、下刈、農業問題の研究
	鶴岡市	大山●	7,852	14.66	コミュニティセンター	交通安全、防犯、防火、敬老活動の促進、青少年の奉仕、歩こう会、運動会、親切運動、花一杯運動、掃除、街路樹の手入れ、大名行列の保存、祭、公園整備、盆踊り、球技大会、各種体育大会、クリスマス、ダンスパーティ、座談会、交換研修、団体指導者の育成、環境整備、新生活運動のPR、結婚奨励・花嫁衣装の斡旋、合同七つ祝、生活改善教室、家庭教育研究会
	葛生町（栃木）	常磐○	4,034	26.67	交通安全施設・道路整備・照明、公衆便所、防火施設、コミュニティセンター、遊び場	交通安全、老人の生きがい運動、清掃・啓蒙、花いっぱい運動、運動会、新年会花見、祭の統一、オリエンテーリング、盆踊り、町に要望書提出、不要品即売会
	熊谷市	吉岡○	4,790	7.34	交通安全施設、防犯施設、コミュニティセンター・集会所	交通安全、防火、敬老会・老人の慰問、健康診断、環境衛生、生活道路の整備、地域の美化運動、郷土愛の啓蒙、盆踊り、運動会、ラジオ体操、住民の要望・意見の集約・市と協議
	蕨市	南●	15,018	0.80	コミュニティセンター、歩行者専用道路、安全施設	交通安全、一日遠足、映画会、美化運動、花と植樹、体育大会、美術展覧会、文化祭、文化広報の発行、指定文化財のPR、ラジオ体操、歩け歩け運動
	武蔵野市	中央西コミュニティ●	19,611	1.76	コミュニティセンター	—

年度	市町村	地区名・属性（都市●：農村○）	地区の概要 人口	地区の概要 面積（㎢）	主なコミュニティ施設整備状況	主なコミュニティ活動
1973	鎌ヶ谷市	初富●	12,391	5.10	公園、遊歩道、テニスコート、管理棟、休憩所	老人の相談、レクリエーション・福祉の増進、清掃・啓蒙、生活道路の維持管理、祭、歩行者天国、商店街バザール、芸能、古本市、野菜即売会、健康管理教室・障害者の治療・相談、フォークの集い、人形劇、各種スポーツ大会、市民の意見・要望の集約・市との協議
	新井市	水上○	2,011	9.18	就業改善センター、児童安全施設	交通安全、防犯、老後の生活設計、消毒・道路清掃、祭、体育大会、民踊、盆踊り、野外研修、地域づくり
	人善町（富山）	南部○	4,094	14.87	自転車道歩道、交通安全施設、休憩所、コミュニティセンター、公園	交通安全、防犯、防災、補導、募金、歳末助けあい運動、老病人調査、育児・保健・衛生等の研修・検診、郷土芸能・祭礼の保存、運動会、スポーツ大会、親睦行事、町政懇談会
	多治見町（岐阜）	松坂、高根、旭丘●	2,380	4.22	集会所、近隣公園	—
	高山市	岩滝○	624	29.40	公民館	救急、交通安全、防火、健康相談・検診、栄養講習会・料理教室、衛生教育、家庭訪問、清掃美化、町内見取図の作成、名所・旧跡の案内板、運動会、伝統芸能祭、スポーツ大会（ソフトボール・バレーボール・卓球・剣道・銃剣道等）、水泳教室、盆踊り
	春日井市	高座●	5,349	4.64	交通安全施設、歩道	映画・講演会、防犯、防火、夜警、通学路の整備等、健康診断、病床者見舞、食中毒防止運動、大掃除、ねずみ駆除、フラワーポット設置、花いっぱい運動、緑化事業、盆踊り、歩け歩け運動、祭、演芸、球技大会、バレーボール、コーラス、民踊、短歌、華道、映画、囲碁、詩吟の会、市民の声を聞く会、高蔵寺 NT 開発対策等
	田原町（愛知）	田原東部○	2,620	7.10	生活･サービス道路･歩道整備等、防火施設、緑地、コミュニティセンター、集会所、保育所、コミュニティ広場・公園	防犯、交通安全、老人クラブ、生活道路舗装、フラワー道路等の整備、環境整備デー、祭典日の統一、盆踊り、野球、ソフトボール、運動会、学芸会・作品展示、釣、囲碁将棋、住民の要望・意見、広報誌の発行・PR 活動
	伊丹市	北部●	9,213	2.97	街灯、緑地帯、集会所、保育所、遊園	交通安全、航空機騒音の軽減、映画会、コミュニティに関する展示会・懇談会・講演会等、地域紙の発行
	豊中市	庄内南部●	18,457	1.05	公民館、図書館、老人福祉センター、会館、コミュニティセンター、防火施設、公園、水路・緑道、交通安全施設	交通安全、祭、市長への手紙
	竜神村（和歌山）	東、西、安井、柳瀬○	1,705	20.23	道路新設・拡幅・橋梁改良、ゴミ処理場、防火施設、ちびっ子広場、照明、簡易給水施設、集会所、村民センター	交通安全、防犯、防災、社会福祉、旧軍人・遺族の親交、身体障害者の親交・老人の親睦・社会奉仕、自然環境の保全、地域社会の問題に関する検討等、生活・婦人学級、生花教室、陸上競技、ソフトボール、バレーボール、野球、盆踊り、運動会、環境整備
	鳥取市	稲葉山●	9,812	12.23	自転車歩行者道・道路・農道整備、交通安全施設、スポーツ広場・遊園、上下水道	交通安全、防犯・巡視、救急、スポーツ大会、老人クラブ・敬老会補助、青少年育成・スポーツ団体補助、検診、清掃、植樹、運動会、祭、海水浴、納涼、文化祭、野球、ソフトボール、卓球、俳句、写真・書道・絵画展覧会、体操、地区めぐり、市民集会、陳情
	倉吉市	上井●	6,347	4.00	交通安全施設、コミュニティ公園、ゴミ集積場、下水溝、消防施設、有線放送、公民館、スポーツ広場	交通安全、健康相談、公民館活動・ポプラ学級、清掃、花壇・フラワーポット、ゴミ集積場、サシ木・植替講習会、運動会、球技大会、歩け歩け大会、自治公民館役員研修会、神社ごもり、盆踊り、園芸発表会、民謡・民踊・書道・絵画・卓球・剣道等のグループ育成、行政への陳情、市政研究集会、同和対策研修会、広報誌等の発行
	岡山市	平井●	6,995	3.36	幼稚園、倉庫、掲示板	交通安全、水泳大会、敬老会・年寄の集い、各種検診、ソフトボール、球技大会、運動会、苗木の植樹、盆踊り、歩こう会、バレーボール、園芸講座、体力づくり講習会、詩吟講座、英会話講座、手芸・織物講座、書道、剣道教室、昔を語る会、民踊教室、陳情、コミュニティ計画（案）の提出、モデル・コミュニティ地区の視察、広報誌等の発行、村誌編纂
	柳井市	伊陸○	2,802	24.40	交通安全施設、防火防犯施設、公民館、保育所	交通安全、防犯、防火、盆踊り、運動会、敬老会、清掃・防虫駆除、健康調査、料理実習、輸血協力、不燃物の収集、ソフトボール、登山、スポーツ少年団の育成・後援、短歌会、舞踊愛好会、詩吟愛好会、郷土史研究、地区全体の問題集約
	福栄村（山口）	福川○	2,457	56.90	コミュニティセンター、プール、診療所	体育大会、キャンプ、スポーツの集い、芸能の集い、美術展、盆踊り、武道、卓球、レクリエーション
	土居町（愛媛）	天満蕪崎○	2,933	10.40	集会所、公園、保育所、遊歩道、防火施設	交通安全、防火、子供会の育成、体力テスト、ラジオ体操、健康相談所、害虫駆除、清掃・啓蒙、ソフトボール、バレーボール、運動会、盆踊り、各種趣味の会、コミュニティ整備計画策定に関する要望等
	久山町（福岡）	山田○	3,390	22.10	公園、幼稚園、コミュニティセンター、公民館、駐車場、歩行者専用道路、街灯	交通安全、防火･防犯運動、検診･健康相談、猪･野菜祭り、祭、運動会、文化祭、クリスマスパーティー、フォーク大会、盆踊り、体育大会、ソフトボール、バレーボール、住民の苦情・要望の集約
	人吉市	中神○	1,200	3.00	交通安全施設、歩道、防犯施設	交通安全、ゲートボール、コスモス等の植樹、清掃、運動会、ソフトボール、バレーボール、開発計画のアンケート調査、コミュニティ計画策定・推進
	南郷町（宮崎）	榎原○	1,375	20.84	コミュニティ用地、公民館	植樹
	都城市	五十市●	17,469	19.55	公民館、体育館	—
	串木野市	生冠○	2,639	9.00	農業研修センター、体育館、運動広場、歩行者専用道路、コミュニティセンター、老人憩の家、総合運動場・公園・庭園・遊園、小動物園、プール、キャンプ場、遊歩道、駐車場	火災、災害、交通安全、非行防止、ヘルスステーションの設置・無料健康相談、清掃、祭、相撲、マラソン、ソフトボール、運動会、剣道、ゲートボール、バレーボール、行政に対する要望等

〈執筆者〉

中野茂夫

1973年生まれ。筑波大学大学院社会工学研究科修了、博士（都市・地域計画）。現在、大阪市立大学大学院生活科学研究科教授。主な著書に『企業城下町の都市計画』（筑波大学出版会、2009）ほか。日本建築学会奨励賞、日本都市計画学会論文奨励賞、日本都市計画学会石川奨励賞、都市住宅学会業績賞、日本建築学会学会賞（論文）ほか。

尾﨑せい子

1971年生まれ。一級建築士。現在、鳥取短期大学生活学科助教。島根大学大学院総合理工学研究科修了、修士（工学）。大阪市立大学大学院生活科学研究科客員研究員として、自治省モデル・コミュニティ事業の調査・研究に取り組む一方、建築設計事務所にて建築活動を行っている。

表紙イラスト画：(株) 尾﨑設計事務所

西山夘三記念 すまい・まちづくり文庫（略称：西山文庫）**について**

わが国の住生活及び住宅計画研究の礎を築いた故京都大学名誉教授西山夘三が生涯にわたって収集・創作してきた膨大な研究資料の保存継承を目的として1997年に設立された文庫で、住まい・まちづくり研究の交流ネットワークの充実、セミナーやシンポジウムの開催、研究成果の出版などを行っています。「人と住まい文庫」シリーズは、すまい・まちづくりに関する研究成果をより広く社会に還元していくための出版事業であり、積水ハウス株式会社の寄付金によって運営されています。

モデル・コミュニティ

～コミュニティづくりの原点を探る～

2021年9月1日発行

著　者　中野茂夫・尾﨑せい子
発行者　海道清信
発行所　特定非営利活動法人 西山夘三記念 すまい・まちづくり文庫
〒619-0224　京都府木津川市兜台6-6-4 積水ハウス総合住宅研究所内
電話　0774(73)5701
http://www.n-bunko.org/
編集協力　アザース
デザイン　松浦瑞恵
印　刷　サンメッセ株式会社

Printed in Japan
ISBN978-4-909395-08-5

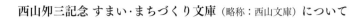